Die Hexe von Bremen
Gredje von Essen –
ein Frauenschicksal 1565

Anna Callenberg ist geborene Bremerin. Sie ist Diplom-Kauffrau und arbeitet in diesem Beruf. Schon von Kindheit an hat sie gern gelesen, woraus sich der Wunsch entwickelt hat, ihr eigenes Buch zu schreiben. Ihre Heimatstadt sollte darin eine Rolle spielen. Die Witwe von Essen und ihr Dienstmädchen Wübke sind ihr eher zufällig begegnet, doch sofort war ihr klar, dass das der Stoff ist, den sie frei interpretieren möchte.

Anna Callenberg

Die Hexe von Bremen

Gredje von Essen –
ein Frauenschicksal 1565

Edition Falkenberg

Die erste Ausgabe erschien 2018 unter dem Titel Gredje von Essen.
Ein Frauenschicksal 1565.

Titelabbildung: Karin Hauser

1. Auflage 2022

Copyright © Edition Falkenberg, Bremen
ISBN 978-3-95494-277-0
www.edition-falkenberg.de

Alle Rechte vorbehalten. Kein Teil des Werkes darf in irgendeiner Form
(durch Fotografie, Mikrofilm oder irgendein anderes Verfahren) ohne
schriftliche Erlaubnis des Verlages reproduziert oder unter Verwendung
elektronischer Systeme verarbeitet, vervielfältigt oder verbreitet werden.

Inhalt

1. Teil – Bremen
13. August 1565 7

1555 bis 1564
Wie ich in die Stadt kam 9
Gredje von Essen, geborene Using 17
Meine Jugend im Haus Geeren 28 25

1564 – Anfang August
Das kaputte Fenster 47

1564 bis 1565
Anschuldigungen 57

13. bis 16. August 1565
Die ersten zwei Tage 63
Eine andere Wahrheit 75
Die nächsten zwei Tage 89

21. August 1565 – Auf dem Jodutenberg 98

2. Teil

3. März 1580 – Ankunft in Rotterdam 104

21. September 1565 bis März 1580
Altenesch im Stedinger Land 104
London 118

3. März 1580
Der Rest des Tages in Rotterdam 125

30. März 1580
Am Lindenbaum 133
Tage zuvor in Rodenkirchen in der Wesermarsch 133
Am Lindenbaum 151
Ankunft in Elsfleth am 28. März 151
Geträumte Zukunft 154

30. März 1580 – Tandaradei 161
Nachwort und Dank 164

Gewidmet meiner Großtante, Elisabeth Körner. Sie wuchs in Bremen Am Fangturm auf, einer Straße im Stephaniviertel, die vom Geeren abgeht. Im Alter von fünf Jahren – 1913 – bat sie einen fremden Mann, dass er sie zum Spielen auf eine Mauer an der Weser setzten sollte. Elisabeth fiel in den Fluss, und meinem siebenjährigen Großvater, der nicht schwimmen konnte, gelang es nicht, sie zu retten. Mit dem, was man Hundepaddeln nennt, suchte er vergebens in dem trüben Wasser nach seiner Schwester. Die Leiche des kleinen Mädchens fand man erst Tage später.

1. Teil – Bremen
13. August 1565

Am Morgen des 13. August 1565, klopfte es an der Tür. Ich wusste in diesem Moment noch nicht, dass dieses Klopfen der Auftakt für die kommenden, mein Leben für immer verändernden Tage im Ostertorzwinger war. Die letzten Wochen und Monate hätten mich darauf vorbereiten müssen, doch ich war zu unbedarft und zu einfältig. Wobei eigentlich alles schon vor einem Jahr seinen Anfang nahm, als ich ein Fensterglas zerschlug.

Das Haus, in dem ich als Dienstmädchen arbeitete, lag im Stephaniviertel, westlich der Altstadt von Bremen, nahe am Fluss, der Weser. Hier wohnten keine reichen Leute, aber es war ein geachtetes Quartier. Zur Straße hin hatte das hohe, schmale Gebäude aus rotem und weißem Sandstein eine Fassade mit einem Treppengiebel. Es war eines der wenigen mit einer Hausnummer: Geeren 28. Wenn man durch die aufwendig geschnitzte Eingangstür trat, stand man in einem großen düsteren Raum, in dem vor allem der Kamin auffiel. Die Einfassung bestand aus grün glasierten Kacheln, die reliefartige Darstellungen der Kreuzigung Christi und weibliche Märtyrerinnen zeigten. Eine Holztafel, um die stoffbespannte Stühle standen, bot für mehr als zehn Gäste Platz. Darüber schwebte ein geschmiedeter Leuchter. Gegenüber der Feuerstelle hing das Gemälde eines alten Mannes mit faltigem Gesicht. Sein Blick war unbestimmt in die Ferne gerichtet. Er war dunkel gekleidet und hatte ein Barett auf dem Kopf, unter dem strähnige graue Haare hervorschauten, die bis zu der großen Halskrause reichten. Das Wams spannte über einem dicken Bauch, gegen den seine Hände eine Weinflasche und eine Dolde mit lilafarbenen Trauben drückten. Das war der ehemalige Weinkaufmann, der verstorbene Gemahl meiner Herrin, Nuralf von Essen. Außerdem gab es eine Truhe sowie einen halbhohen Schrank, auf dem Steingutkrüge neben Silberbechern und kostbaren Glaskelchen standen. Am Ende des Raums war die Tür, durch die man in die Küche gelangte. Neben dieser ging eine Treppe hoch in das Wohnzimmer meiner Herrin, von dem eine Schlaf- und eine Ankleidekammer abgingen. Dort, im ersten Stock, führte eine enge Stiege weiter zu einem Speicherboden, auf den durch eine Winde auf der Rückseite des Hauses Waren zur Lagerung gehievt werden konnten. Er war leer.

Es gab so viel Platz, doch nur zwei Menschen wohnten in diesem Haus. Die strenge Witwe Gredje von Essen und ich, ihre Magd Wübke Gerken.

Mein mir bewusstes Leben begann hier an einem schönen Frühsommertag. Wenn mich jemand fragte, war dies mein Zuhause. Alles was ich davor erlebt hatte, war nur noch schemenhaft in meiner Erinnerung, aber mit dem Gefühl von Geborgenheit verknüpft.

1555 bis 1564
Wie ich in die Stadt kam

Ich lebte bei meiner Großmutter, Alke Gerken, vor den Toren der Stadt. Ihre Tochter, meine Mutter, starb, als sie mich zur Welt brachte, und mein Vater war ein Seemann, der von einer Grönlandfahrt nicht zurückkehrte. Über meinen Großvater erfuhr ich nichts, denn Alke Gerken erwähnte ihn nie. Sie zog mich in einer kleinen Kate auf, die nur aus einem Zimmer bestand. In all dieser Ärmlichkeit umsorgte sie mich liebevoll. Es gab zwei grob zusammengenagelte Hocker, einen Tisch und eine Feuerstelle. Ich schlief mit meiner Großmutter auf einem brüchigen Sack aus Kuhfell, der dünn mit getrocknetem Gras gefüllt war. In besonders stürmischen oder kalten Nächten schmiegte ich mich Wärme suchend noch enger an ihren knochigen, leicht gebeugten Rücken. Sie breitete dann ihren Umhang über uns aus, damit ich nicht so fror.

Durch den Raum waren aus Schilf geflochtene Fäden gezogen, an denen Pflanzen zum Trocknen hingen, denn Alke Gerken stellte Tränke und Salben her. Viele Menschen suchten ihre Hilfe bei Geschwüren, Wunden und anderen Unpässlichkeiten. Wenn wir im Tausch für eine Medizin ein Stück Fleisch erhielten, war das ein Festtag, da wir meistens mehrere Tage altes Brot bekamen. Meine Großmutter hatte kaum noch Zähne im Mund, darum lutschte sie es mit ihrem Speichel weich. Dabei gab sie so lustige Geräusche von sich, dass ich lachen musste. Mit sechs Jahren konnte ich bereits das Feuer schüren, den Raum ausfegen und wässrige Suppen kochen.

An mehr erinnerte ich mich nicht aus meinen frühen Jahren. Aber alles änderte sich, als meine Großmutter mich nach Bremen brachte, hinter die Befestigungsmauern der Stadt. Wir gingen, ohne vom Wachmann aufgehalten zu werden, durch ein Tor und kamen in eine Gasse, in der Bauern Schweine züchteten. Ich sah einen Mann, der, mit für mich unheimlicher

Brutalität, ein Ferkel bei den Hinterbeinen packte und ihm die Kehle durchschnitt. Das ersterbende Quieken gellte noch lange in meinen Ohren. Er machte eine Drehung mit dem Handgelenk, um etwas wegzuwerfen. Fast im selben Augenblick flog auch schon der abgehackte Kringelschwanz an mir vorbei. Er wurde unter grölendem Gejohle von zerlumpten Jungen aufgefangen, die sich sofort darum balgten. Meine Großmutter setzte unbeirrt ihren Weg fort, vorbei an einem Pfad, wo Tierkadaver lagen und Männer die Knochen herausschnitten, um sie zu Hügeln aufzutürmen. Weiterhin beachtete Alke Gerken nichts. Auch nicht die majestätischen Kirchen und erhabenen Gebäude um einen runden Platz, auf dem eine übergroße Statue stand, stattdessen zog sie mich eine breite Straße entlang hinter sich her. Ich war verwirrt und eingeschüchtert von der Vielzahl menschlicher Stimmen, rumpelnden Fuhrwerken, schlagenden Türen und Fensterläden, alles untermalt von dem Brüllen, Wiehern und Blöken von Tieren. Der vom Boden aufsteigende, verwirbelte Sand und Staub trübte meinen Blick. Die Sonne schien grell vom Himmel.

Um die Mittagszeit bediente meine Großmutter den Eisenklopfer an der Tür des Hauses Nummer 28 in der Straße Geeren. Eine große Frau öffnete. Ich starrte zuerst ihr schwarzes Kleid an, unter dessen Saum schwarze Lederschuhe hervorschauten, bevor mein Blick hochwanderte. Die Haube, die ihre Haare komplett bedeckte, war weiß, genauso wie die ausladende Halskrause. Ihr Gesicht war länglich, mit schön geschnittenen, vollen Lippen, einer zierlichen Nase und hohen Wangenknochen. Sie starrte mich ebenfalls an, missbilligend, mit gerunzelten, dunkelblonden Brauen. Die einzige Farbe in dem blassen Antlitz waren die strahlend blauen Augen. Das Farbbild wiederholte sich, als eine Katze angesprungen kam und sich dicht neben die Frau setzte. Das Fell der Pfoten war weiß, es sah aus, als ob das Tier Stiefel anhatte, und auf der Brust hatte es einen Fleck, wie ein weißes Beffchen. Ansonsten war die Katze pechschwarz. Die murmelgroßen Augen waren erst grün, changierten aber dann zu dem

Blau, wie bei den Augen der Frau. Diese bewegte leicht ein Bein und schob das Tier beiseite.

Mit den Worten: »Weg, Traugei, du dummer Kater! Muhme Alke, ich habe dich früher erwartet«, winkte sie uns herein.

Ich wurde mit einem energischen Schubs in das Haus befördert, in einen Raum, in den durch die beiden schmalen Fenster neben der Eingangstür wenig Licht fiel.

»Ich bin die Witwe von Essen«, sagte die eindrucksvolle Frau zu mir, mit einem weiterhin abschätzenden Blick. »Wie ich gehört habe, ist dein Name Wübke. Du wohnst ab heute hier und deine Aufgabe ist, mir den Haushalt zu führen. Du wirst kochen, saubermachen und mir bei meiner Garderobe helfen. Dein Lohn sind drei Mahlzeiten am Tag, kostenloses Logis sowie bei Bedarf Kleidung. Einmal im Jahr, im März, da soll dein Geburtstag sein, erhältst du zwei Bremer Groschengulden. Die verwalte ich für dich, damit du das Geld nicht für Tand vertust. Der Dienst beginnt mit dem ersten Hahnenschrei und endet bei Sonnenuntergang. Wenn nötig, arbeitest du länger. Nun ab mit dir durch die Tür dort hinten. Schau dir die Küche an.«

Traugei fing an zu schnurren. Er kam und strich mir um die Beine. Ich stupste ihn an, um ihn zu verscheuchen, wobei ich unwillkürlich die Bewegung der Witwe von Essen nachahmte. Dann schaute ich zögernd zu meiner Großmutter, die mich aufmunternd ansah. Sie legte mir zum Abschied »Gottes Segen sei mit dir!« murmelnd, die Hand auf den Kopf. Ich erhielt einen Kuss auf die Stirn, dem der zweite energische Schubs an diesem Tag folgte. Doch ich wollte bei ihr bleiben und riss meine Arme hoch, um mich an sie zu klammern. Der schmutzige Leinenstoff meiner geflickten Tunika fiel zurück, sodass Rußflecken auf meiner Haut sichtbar wurden. Die Witwe von Essen umfasste mit einem Klammergriff mein Handgelenk, drehte mich mit einem Ruck in Richtung Küche und fuhr meine Großmutter an: »Wie kannst du die Kleine nur so verdrecken lassen. Läuse und Flöhe hat sie sicher auch. Gut, Beke ist im Haus, und sie wird das Kind erst einmal baden, das Ungeziefer entfernen sowie etwas Angemessenes zum Anziehen heraussuchen. Die nächsten Monate ist die Magd noch hier, um Wübke einzuweisen. Dann zieht sie mit ihrem zukünftigen Ehemann Tetje nach Hoya. Von ›Stadtluft macht frei‹ hat der Tölpel genug, will unbedingt zurück in seine Heimat, und sie geht mit. Das einfältige Ding wird schon sehen, was sie davon hat.«

Dann forderte die Witwe von Essen meine Großmutter auf, sich zu setzen: »Ich habe noch etwas mit dir zu besprechen. Du musst heute noch einen Botengang übernehmen.«

Ich ging, wie eine Marionette von unsichtbaren Fäden gezogen, durch die Küchentür in ein neues Leben. Traugei folgte mir.

Vorsichtig musterte ich den Raum, der von nun an meine Bleibe sein würde. Eine mollige junge Frau wartete auf mich. Einige rötlich-braune Locken, die sie unter einem Kopftuch zu bändigen versuchte, hingen ihr in verschwitzten Strähnen ins Gesicht. Sie sagte freundlich zur Begrüßung: »Da bist du nun also, Wübke. Ich heiße Beke. Dann lass dich mal anschauen.«

Während sie an meiner Tunika und meinen Haaren zupfte, über das Aussehen meiner Füße schalt – »Wann hast du das letzte Mal Schuhe oder zumindest Klotschen getragen?« –, schaute ich mich um.

Links von mir waren Wandbretter angebracht, an denen Töpfe, Pfannen und Kellen hingen. Daneben war ein Bretterverschlag, dessen Bedeutung sich mir nicht erschloss. Rechts sah ich einen gemauerten Herd mit einem Kaminabzug. Das Brennholz war in Reichweite gestapelt. In der Mitte der Küche standen ein großer Tisch und zwei Schemel. An der rückwärtigen Wand war eine Arbeitsplatte befestigt, unter der sich ein hochkant gestellter Bottich befand. Durch ein großes, offenes Fenster fielen Sonnenstrahlen, die Muster auf den Holzdielenboden zeichneten.

Es gab den Blick frei auf einen Pfad hinter dem Haus, der breit genug war, dass Handkarren dort entlang passten. Dann kam eine Steinmauer, die, wie ich später erfuhr, zur Stadtbefestigung gehörte. Sie nahm mir die Sicht auf die Weser. Der Fluss war nahe, denn den fauligen Geruch von brackigem Wasser konnte sie nicht abhalten. Die Katze setzte zum Sprung an und verschwand durch die Fensteröffnung.

Beke war in der Zwischenzeit zu dem Schluss gekommen, dass ich furchtbar aussah.

»Oh je, die Herrin wird außer sich sein über deine Schmutzigkeit. Dreck ist etwas, das sie verabscheut wie der Teufel das Weihwasser. Hast du Flöhe? Ich werde dich als Erstes baden und dir saubere Anziehsachen suchen.« Es war, als ob sie die Worte der Witwe von Essen gehört hätte.

Wie lange meine Großmutter an dem Tag noch blieb, wusste ich nicht. Es vergingen Stunden, in denen Beke mich, nachdem ich nackt in den Bottich steigen musste, immer wieder mit lauwarmem Wasser übergoss. Sie schrubbte meine Haut, bis sie wund war und mir wehtat. Da meine verfilzten Haare sich nicht entwirren ließen, schnitt sie sie einfach mit einem Messer ab, um abschließend meinen Kopf zu scheren. Ich war so betäubt, dass ich keine Widerrede oder Gegenwehr wagte. Gegen Abend betrat die Herrin die Küche. Sie nickte Beke zu, und auf ihren Wink hin musste ich vortreten. Ich fühlte mich unwohl in einem zu großen Leinenkittel, den ein Gürtel gerafft hielt, damit ich nicht über den Saum stolperte. Die Lederriemen der zu großen Holzpantinen scheuerten. Abstand haltend, drehte die Witwe von Essen mich an den Schultern herum. Sie schien zufrieden mit dem Ergebnis der Bemühungen des Dienstmädchens.

»Das geht fürs Erste. Jetzt schmier ihr ein Brot mit Butter. Dann richte die Schlafstelle her. Unter den Wandbrettern mit den Küchengeräten ist Platz dafür. Danach bist du entlassen.«

Die junge Frau knickste. Gredje von Essen verließ den Raum mit den Worten, dass sie heute auswärts sei, und die Hoyers besuchen würde.

Das Holz im Herd glomm nur noch schwach, als Beke ging. Sie hakte den Laden vor dem Fenster nicht ganz zu, da die Katze draußen war. Ich sollte sie durch das Fenster wieder hereinlassen. Beke hatte mir erzählt, dass sie mit drei Geschwistern noch bei ihren Eltern wohnte. Der Heimweg nach Walle dauerte eine Stunde und sie hoffte, dass das Stadttor noch offen wäre, damit sie den Posten nicht wecken musste. Sie hatte für mich einen stramm gepolsterten Strohsack und eine Decke für die Nacht hingelegt. Dazu gab sie mir ein Schlafgewand. Ganz alleine in dem fremden Haus mit all seinen unbekannten Geräuschen, rollte ich mich auf dem Fußboden zusammen. Tränen liefen mir über die Wangen. Ich traute mich nicht, laut weinend nach meiner Großmutter zu rufen und merkte nicht, wie ich vor Erschöpfung einschlief. Meinen Traum, den ersten in diesem Haus, würde ich wohl nie vergessen. Meine Großmutter kam, hob mich hoch, legte mich auf den Strohsack und deckte mich zu. Als sie mir über den Kopf strich, zuckte ihre Hand zurück. Ein unterdrücktes Lachen streifte die Stoppeln meiner Haare.

Wahrscheinlich hätte ich den nächsten Morgen verschlafen, aber ein permanentes Kratzen weckte mich. Ich wusste erst gar nicht, wo ich war, und tastete nach dem Rücken meiner Großmutter. Ich tastete ins Leere. Dann sah ich vor dem Fenster einen dunklen Schatten, dessen Gestalt sich durch das gewölbte Glas bedrohlich bewegte. Erst, als ich ein klägliches Miauen hörte, stand ich auf um zu öffnen. Traugei sprang ins Zimmer. Er musterte mich strafend, bevor er an mir vorbei stolzierte. Seiner maunzenden Aufforderung, die Küchentür zu öffnen, folgte ich gehorsam. Geschmeidig, mit steil in die Luft gestelltem Schwanz, lief er die Treppe hoch in die Gemächer der Witwe von Essen. Ich war jetzt hellwach und wusste, wo ich war.

Beke blieb noch etwa ein Jahr im Geeren 28, bevor sie in der Grafschaft Hoya ein neues Leben begann. Ich lernte alles von ihr, was ich wissen musste, um den Haushalt zu führen. Sie schärfte mir ein, am Abend immer den Laden zu schließen, der vor dem Fenster in der Küche war. »Im Zweifel bleibt der Kater eben einmal draußen«, sagte sie. »Gesindel könnte sonst einbrechen, die Witwe von Essen ausrauben oder uns verschleppen oder ermorden.« Sie brachte mir bei, was ich selbst machen musste und was von Dienstleuten erledigt wurde.

»Brennholz, Wasser und Mehl werden angeliefert. Wäscherinnen holen die großen Laken und Decken und bringen sie gereinigt zurück. Deine Hauptaufgaben in den ersten Monaten sind Staubwischen sowie Fegen der Räume.«

Dann kam das Kochen dazu. Ich sollte lernen, welche Gerichte die Herrin bevorzugte und wie ich sie zubereiten musste. Am meisten verhasst waren mir Stinte. Die Witwe von Essen liebte diese Knochenfische.

»Jedes Jahr zwischen Januar und Februar holen die Fischer sie aus dem Fluss. Du musst sie aufschneiden, die Innereien entnehmen, und dabei darfst du die Eingeweide nicht verletzen«, erklärte Beke mir.

»Ich kann diese glitschigen Dinger aber nicht halten.«

»Dann übst du das. Wenn Flüssigkeit aus dieser Blase da«, sie wies auf etwas, das wie ein winziger Beutel in dem Fisch aussah, »austritt, schmeckt der Stint bitter.«

»Was kommt jetzt?«

»Nachdem du den Kopf abgehackt hast, wende sie in Mehl und backe sie mit Schwanz samt Flossen in Butter aus.«

Mir wurde immer übel bei dem Knirschen zwischen den Zähnen, wenn meine Herrin auf Gräten biss.

Die Mahlzeiten ließ die Witwe von Essen sich stets in dem Raum mit dem Gemälde ihres verstorbenen Mannes servieren. Sie nannte es Empfangshalle. Da wir das Essen nicht in die oberen Gemächer zu tragen brauchten, war es noch heiß, wenn es aus der Küche kam. Beke rechnete es unserer Herrin hoch an, dass wir immer so viel kochen mussten, dass es auch für uns reichte. Morgens nahm die Witwe von Essen Gerstenbrei zu sich, am späten Vormittag und Abend bereiteten wir Fisch oder Fleisch zu, mit Kohl- oder Rübengemüse als Beilage. Sie aß viel Obst wie Äpfel und Birnen. Wenn es auf dem Markt Zitronen gab, kaufte sie welche. Meine Herrin hatte mir beigebracht, dass es zwar sauer schmeckte, wenn man eine Scheibe davon auslutschte, dass das aber für die Gesundheit wichtig war. Manchmal hatte sie auch selbst Lust zu hausfraulichen Tätigkeiten. Von Zeit zu Zeit kam sie in die Küche, um süßes Brot zu backen. Das war ein Festtag, denn eigenhändig schnitt sie das erste Stück für mich ab und strich noch Butter darauf. Sie mochte keinen Knust, sagte sie dann.

Beke trichterte mir die Grundregel in diesem Hause ein: Sauberkeit, Sauberkeit und noch einmal Sauberkeit. Die Witwe von Essen legte darauf den größten Wert. Darum war auch der Bretterverschlag in der Küche. Hinter dem wurde nämlich die Notdurft verrichtet, erfuhr ich. Zweimal am Tag musste ich den dafür vorgesehenen Eimer leeren und reinigen. Das bedeutete nicht, den Inhalt einfach vorne heraus auf die Straße oder hinten auf den Weg zu schütten, sondern ich ging hinunter zum Fluss, um dort unsere Absonderungen zu entsorgen.

Monate später verriet Beke mir das Geheimnis, warum ihr nichts entging im Geeren 28. Ich erfuhr von ihr, wo man in diesem Haus am besten mitbekam, was in den restlichen Räumen vor sich ging. In der Abseite unter der Treppe konnte man die Gespräche der Witwe im Wohnzimmer verfolgen, oder man beschäftigte sich auf dem Dachboden mit dem Trocknen der Wäsche. Wenn kein Feuer an war, und man den Kopf in den Herdabzug steckte, konnte man hören, was in der Schlafkammer der Herrin passierte.

Außerdem erzählte mir die Dienstmagd von dem Leben der Gredje von Essen. Ich lauschte fasziniert, während ich Pastinaken schälte, Töpfe auskratzte oder ein Kaninchenfilet würzte. Woher Beke ihr Wissen hatte, wusste ich nicht, denn sie war erst nach dem Tod des Hausherrn hier in Stellung gekommen. Die Geschichte war einfach, reduziert auf Glück und Unglück, auf Leben und Tod. Im Lauf der kommenden Jahre, durch Wortfetzen, die ich aufschnappte, durch meine Erfahrungen mit meiner Herrin und Dingen, die sie erzählte, entstand in meinem Kopf ein genaues Bild ihres früheren Lebens. Ich meinte bald, alle Personen um die Witwe von Essen zu kennen, gab ihnen Charaktereigenschaften, tauchte ein in die Vergangenheit und schmückte sie in Gedanken zu einem Märchen aus.

Gredje von Essen, geborene Using

Als 1522 der lutherische Augustinermönch Heinrich von Zütphen in Bremen am 9. November in einer Seitenkapelle der St. Ansgarii-Kirche predigte, fielen seine Worte auf fruchtbaren Boden. Schon lange warteten die Ratsherren und Kaufleute der Freien Hansestadt darauf, sich des Erzbischofs Christoph von Braunschweig-Wolfenbüttel als Landesherrn zu entledigen. Seine Eitelkeit, gepaart mit Prunksucht, wie auch seine rücksichtslose Gewaltbereitschaft waren weithin bekannt. Die Kirche diente ihm als Machtinstrument. Er beherrschte die autarke Domburg innerhalb der Bremer Stadtmauern wie eine Stadt in der Stadt. Der weltlichen Macht, den Bürgermeistern und dem Rat, waren die Ablasszahlungen und sonstigen Zuwendungen an das hoch verschuldete Domkapitel von jeher ein Dorn im Auge. Sie begrüßten den Theologen mit den neuen Ideen ausgesprochen herzlich, der das Wort Gottes in ihrer Sprache verkündete. Die Bürger verstanden plötzlich, was ihnen von den Kanzeln herab erzählt wurde. Außerdem waren sie der heruntergeleierten lateinischen Messen überdrüssig. Zwei Jahre später kam, von Martin Luther gesandt, Jacobus Probst als Pfarrer in die Liebfrauenkirche, und im Folgejahr wurde Johann Timann Prediger in St. Martini. Diese Männer standen an der Spitze der reformatorischen Bewegung, die erwirkte, dass 1527 katholische Gottesdienste verboten wurden. Das noch bestehende Dominikanerkloster wurde 1528 in eine Lateinschule verwandelt und das Franziskanerkloster in ein Hospital und Irrenhaus umfunktioniert.

Die Reformation breitete sich aus. Um vor einer möglichen militärischen Annexion des dem alten Glauben treuen Kaisers Karl V. gewappnet zu sein, trat Bremen 1531 dem Schmalkaldischen Bund bei. Protestantische Fürstentümer und Städte hatten das Bündnis geschlossen, um sich bei katholischen Angriffen gegenseitig zu unterstützen.

In diese Zeit des geistlichen Umbruchs wurde Gredje Using 1529 geboren, auf der anderen Seite der Weser in der Neustadt, und wuchs vor den Toren Bremens auf. Ihr Vater, der Tuchhändler Johann Using, hatte die erste Predigt von Jacobus Probst gehört, woraufhin der pragmatische Mann mitsamt seiner Ehefrau Geseke sofort dem alten Glauben abgeschworen hatte. Er war froh, mit seiner Familie nicht direkt in der Stadt zu wohnen, wo es immer wieder zu Tumulten und Aufruhr kam.

Unterprivilegierte Handwerker und ihnen nahestehende Bevölkerungsschichten forderten seit Jahren die gleichen Rechte wie Kaufleute. Es gab handgreifliche Auseinandersetzungen über die Nutzung der Bürgerweide, eine Almendefläche vor den Toren der Stadt, auf der alle ihr Vieh weiden lassen wollten. Im Januar 1532 kam es zum Aufstand der 104 Männer, denn der Rat und das Erzbistum konnten den Nachweis ihrer Besitzrechte nicht erbringen. Die 104 erreichten ein Mitspracherecht an der Bremer Regierung und vertrieben wenig später die letzten Priester und Vicarien aus der Domburg. Auch Bürgermeister und Ratsherren, selbst die protestantischen Prediger Probst und Timann flohen. In den folgenden Monaten übernahmen die 104 den Schütting, das Zunfthaus der Kaufleute, um eine Bürgerverwaltung einzuführen, und ersetzten die durch die privilegierte Oberschicht ausgeübte Ratsmacht. Aber die Bremer verloren bald das Interesse an politischen Machtdemonstrationen und dem

Taktieren der vier Kirchspiele – St. Stephani, St. Martini, St. Ansgarii und St. Johann. Die entflohenen Ratsleute hatten noch so viel Einfluss, dass sie das Stadtheer mobilisierten, welches die Kontrolle zurückgewinnen konnte. Jacobus Probst hielt die erste evangelische Kanzelrede im vormals katholischen Dom. Dann wurde das Gotteshaus für fünfzehn Jahre durch den immer noch herrschenden Bischof geschlossen. Johann Timann arbeitete mit an der ersten Bremer Kirchenordnung, die Martin Luther und sein Freund Johannes Bugenhagen 1534 absegneten. Letzterer war maßgeblich an allen Kirchenverordnungen im norddeutschen Raum und Pommern sowie Norwegen und Dänemark beteiligt.

Ein Seeräuber, Junker Balthasar von Esens, machte in diesen Jahren erfolgreich Jagd auf Bremer Handelsschiffe. Als endlich die Reichsacht über ihn verhängt wurde, belagerte Bremen 1540 erfolgreich das ostfriesische Esens. Der hinter den Mauern verschanzte Junker starb im Verlauf einer Krankheit. Als Trophäe und Zeichen der Stärke Bremens stellte man seinen eisernen Ritterharnisch im Versammlungssaal der Kaufleute auf. Gegen eine hohe Entschädigung in Gulden gab man das Land als Lehen zurück an Mitglieder seiner Familie.

Das alles interessierte Gredje jedoch nicht. Ebenso wenig, dass ihr einziger, zehn Jahre älterer Bruder, Johann Using der Jüngere, früh beschloss, er wollte anstatt mit Tuch lieber mit Wein handeln. Er reiste mit vierzehn Jahren nach Frankfurt. Dort knüpfte er Beziehungen zu rheinischen Händlern, denen er nach Köln folgte, um sich dort niederzulassen.

Gredje war ein wildes Kind und gehorchte nur ihrer Amme, Alke Gerken, aber diese musste die Familie verlassen, als Gredje sechs Jahre alt war. Die Frau verstand sich mit Erfolg auf die Zubereitung von Heiltränken, doch Gredjes Mutter, zwar offen für die Thesen der Reformierten, fürchtete die Mächte des Bösen. Sie sah in der Naturheilkunde nichts Gottgegebenes. Geseke Using war oberflächlich und zufrieden, wenn der Haushalt reibungslos lief, die Mahlzeiten pünktlich auf den Tisch kamen und sie aus den schönen Stoffen ihres Mannes neue Kleider bekam. Alke Gerken war ihr unheimlich. Sie stahl die Liebe ihrer Tochter und darum musste sie gehen. Das sagte die Hausherrin aber nicht unverblümt, sondern gab sich den Anschein von Güte, dass sie nun endlich die Zeit hätte, sich um ihre Tochter selbst zu kümmern. Sie übernahm die Erziehung, aber nur mit mäßigem Erfolg, denn das Kind war störrisch. Gredje trauerte ihrer Bezugsperson nach. Sie machte der Mutter zum Vorwurf, keine Zuneigung mehr zu bekommen. Der Versuch, ihr Bescheidenheit und Sittsamkeit beizubringen, scheiterte an der Entscheidung, die Amme weggeschickt zu haben. Gredje lernte aber, sich ihres Standes bewusst zu sein, um ihn als Machtinstrument einzusetzen, wenn sie anders nicht zum Ziel kam. Dabei half, dass die Mutter ihr auf Zureden des Vaters Unterricht im Lesen und Schreiben erteilen ließ.

Gredje hatte zwei gleichaltrige Freundinnen. Die eine war Mieke Lürsen, die in der Stadt wohnte, eine ähnliche Bildung wie Gredje erhielt, und deren Vater ebenfalls im Tuchhandel tätig war. Als die beiden zwölfjährigen Kinder einmal mit in den Schütting durften, ließ Gredjes Vater sie als Erste die Treppe hochgehen, sodass die Mädchen vor ihm den großen Saal betraten. Dort stand eine gewaltige, angerostete Rüstung. Knarrend und scheppernd, mit einem klagenden Stöhnen, klappte das Visier auf. Quietschend wurde eine Hand zum Gruß erhoben. Gredje erschrak sich fürchterlich. Johann Using beruhigte sie, dass dieser Complimentarius genannte Salutierautomat den Respekt des besiegten Seeräubers Balthasar von Esens gegenüber Bremen zeigen sollte. Durch einen ausgeklügelten Mechanismus, ausgelöst durch den Tritt auf eine Stufe der Treppe, musste die Rüstung stellvertretend für den Junker jeden grüßen, der den Raum betrat. Ihr Vater zog sie an sich heran und flüsterte ihr ins Ohr, dass es in Wirklichkeit ein alter Harnisch aus der Waffenkammer der Kaufleute wäre. Gredje hatte an diesem Tag gelernt, immer mit dem Unerwarteten zu rechnen.

Die andere Freundin war Mari, die Tochter der Wäscherin und des Fassmachers auf dem Anwesen der Usings. Gredje überredete Mari oft, mit ihr in die Stadt zu gehen, um Mieke zu besuchen. Mari vernachlässigte dadurch ihre Pflichten, was ihren Vater erzürnte und weshalb er sie heftig schlug. Immer öfter weigerte sie sich mit Gredje zu gehen, doch die bestand auf ihrem Recht, die Tochter des Hauses zu sein und Befehle geben zu können. Mari gehorchte ihr. Sie ging mit, zitternd in Erwartung der kommenden Hiebe und mit einer zornigen Eifersucht auf Mieke. Sie wollte Gredje für sich, neidete aber gleichzeitig beiden Tuchhändlerstöchtern den Reichtum der Familien sowie deren Unbekümmertheit. Gredje vermisste oft kleine Dinge wie ein buntes Band für die Haare oder einen Stoffbeutel, den sie am Gürtel trug, um darin besondere Steine zu sammeln oder gefundene Vogelfedern aufzubewahren. Sie vermutete, dass Mari sie entwendete, sprach die Freundin aber nicht darauf an, noch bezichtigte sie sie des Diebstahls. Denn wenn solche Kleinigkeiten verschwanden, gab ihre Mutter ihr ein neues Taschentuch oder einen neuen Kamm. Als Mari zehn Jahre alt war, verließ sie mit den Eltern das Haus Using, weil die Familie in den Dienst eines Bootsbauers treten wollte. Danach konnte Gredje eine goldene Halskette, die sie von ihrer Mutter zum letzten Geburtstag bekommen hatte, nicht wiederfinden. Das erste und einzige Mal bekam sie von ihrem Vater den Rohrstock zu spüren. Es tat nicht besonders weh, denn er hob nicht alle Röcke zurück. Ihr Hinterteil war immer noch durch eine Stofflage geschützt, und er schlug auch nicht besonders hart zu, aber es beschämte sie. Gredje war sich sicher, dass niemand ihr glauben würde, weshalb sie den Verdacht gegen Mari nicht aussprach.

Als sie dreizehn Jahre alt war, konnte man erahnen, dass Gredje eine Schönheit werden würde. Ihr Vater fing an, mögliche Ehemänner für sie auszusuchen. Er führte Gespräche, schmiedete Allianzen und stellte Gredje allen vornehmen Familien der Stadt vor. Ihre Mutter arrangierte, dass sie mit den Töchtern der wichtigsten Matronen Bekanntschaft schließen konnte, um so an die Brüder und männlichen Verwandten heranzukommen, die als Heiratskandidaten infrage kamen. Aber Gredje weigerte sich, die Ehe einzugehen. Wenn ihr ein Mann vorgestellt wurde, benahm sie sich so zänkisch und schnippisch, dass keiner sie als Gattin in Betracht zog. Keine Drohung, kein Betteln ihrer Eltern konnte Gredje umstimmen. Der einzige, der lange Zeit nach der Weigerung, ihn zu heiraten, immer noch kam, war Enulf Gröning. Der junge, schwächliche Mann ertrug irgendwann ihre Ablehnung nicht mehr, und eines Tages wurde er leblos in der Weser treibend gefunden. Selbstmord aus gebrochenem Herzen, tuschelte man in der Stadt. Die angesehenen Bürger Bremens fingen an, die Familie Using zu meiden. Der Handel litt nicht darunter, aber es kamen keine gesellschaftlichen Einladungen mehr. Geseke Using gab zu Recht ihrer Tochter die Schuld daran. Gredje blieb jetzt oft den ganzen Tag außer Haus, ging spazieren oder besuchte Mieke, die kurz vor der Heirat mit einem Lübecker Kaufmann stand und bald die Stadt verlassen würde. Außerdem war sie viel bei ihrer alten Amme. Kurz nach Maris Weggang hatte Gredje Alke Gerken auf dem Markt gesehen und war dieser rufend, winkend, selig vor Glück, sie gefunden zu haben, entgegengelaufen. Der Weg zu der Kate der Kinderfrau dauerte zwei Stunden, auf dem sie meistens ein Knecht oder Lehrjunge ihres Vaters begleitete. In dieser Zeit konnte sie über vieles nachdenken, um dann der Beschützerin ihrer jungen Jahre ihre Träume und Sehnsüchte zu erzählen. Erst waren es kindliche Wünsche, doch dann wurden diese erwachsener.

»Ich möchte einen Mann heiraten, der reich ist, Handel treibt und mich auf seine Reisen mitnimmt. Abenteuer will ich erleben, andere Städte, andere Länder sehen. Er muss groß, gut aussehend und souverän sein.«

»Kind«, versuchte ihre alte Amme sie zu bremsen, »nicht alles, was man sich wünscht, geht in Erfüllung. Sei nicht so überzeugt, dass es immer nach deinem Kopf geht. Du bist verzogen und gänzlich unreif für deine Jahre. Mache mir keinen Kummer, wie meine eigene Tochter. Sie liebt einen Matrosen, dessen Schicksal wahrscheinlich ist, dass er eines Tages auf See bleibt.«

»Warum habe ich sie eigentlich nie kennengelernt?«

Alke Gerken zuckte die Schultern. »Jede von euch hat ihren eigenen Platz in meinem Herzen.«

»Aber ich will nicht diese Gecken, die meine Eltern mir vorstellen.«

»Lege dein Schicksal in Gottes Hand. Er wird dich leiten.«

Gredje erlebte die Belagerung der Hansestadt Bremen durch die kaiserlichen-katholischen Truppen, denn was man 1531 befürchtet hatte, wurde sechzehn Jahre später Wirklichkeit. Von Westen rückten die Soldaten über das Hollerland an und zogen brandschatzend durch die Dörfer Horn und Schwachhausen, um dann in der Vorstadt Walle Quartier zu nehmen. Sie begannen, eine Schiffsbrücke über die Weser zu bauen. Johann Using sah seine Frau und Tochter in Gefahr, denn eine Zerstörung der Neustadt schien unausweichlich, wenn der Feind den Fluss überquerte. Er brachte seine Familie zu seinem Handelspartner Lürsen hinter die Befestigungsmauern der Stadt, und hoffte, dass seine Existenz nicht in Flammen aufging. Zwei Tage später zogen 400 Bürger, Bootsleute sowie angeworbene Knechte durch das Brückentor über den Fluss. Von Süden kommend konnten sie die Konstruktion der Angreifer zerstören. Getarnt wurde ihr Manöver durch einen Ausfall städtischer Reiter auf der Altstadtseite Richtung Westen. Es gab weitere Scharmützel, bevor das feindliche Heer abzog. Erst Jahre später wurde ein offizieller Friede zwischen dem Kaiser und dem protestantischen Bremen geschlossen. Johann Using verlor weder seine Tochter noch sein Geld, aber er und seine Frau starben kurz darauf an den Folgen eines schweren Infekts.

Gredje war neunzehn Jahre alt, als der ihr fremd gewordene Bruder mit seiner Frau samt den fünf Kindern aus Köln heimkam. Er verkaufte das Tuchgeschäft, erwarb Grundbesitz im Bremer Martiniviertel und investierte in den aufstrebenden Weinhandel. Seine Familie und Schwester bewohnten die Räume über dem Kontor. Mit der Freiheit war es für Gredje jetzt vorbei. Johanns Gattin, Rieke Using, hinderte sie daran, das Haus zu verlassen. Ein paar Mal gelang es ihr aber, aus dem Fenster zu klettern und zu verschwinden. Alke Gerken schimpfte, denn Gredje würde sich so nur Ärger einhandeln. Johann Using tat sich mit dem wesentlich älteren Nuralf von Essen zusammen, der im Stephaniviertel wohnte, und beide profitierten von den letzten, außerordentlich ertragreichen Traubenernten. Anlässlich der Lieferung eines besonders guten Fasses gab Nuralf von Essen ein Fest. Gredje wurde eingeladen. Es war Liebe auf den ersten Blick zwischen dem kleinen Mann und der stolzen jungen Frau. Er war das Gegenteil ihrer Mädchenträume, aber die zählten nicht mehr für sie. Sie war vernarrt in den Mann. Das Aufgebot wurde sieben Tage nach ihrem Kennenlernen bestellt. Bereits zwei Wochen später gab es eine glanzvolle Hochzeit, und Gredje übernahm den Haushalt am Geeren. Nuralf von Essen hatte zwei Diener, ein Mädchen für das Grobe sowie eine Köchin, die alle nicht im Haus wohnten, aber jeden Morgen erschienen, um bis zum späten Abend zu werken. Zweimal in der Woche kam ein Kontorgehilfe aus dem Martiniviertel, um Papiere durchzuarbeiten, denn Gredjes Mann wollte so viel Zeit wie möglich bei seiner Frau zuhause verbringen. Schnell wurde Gredje schwanger. Sie genoss träge ihren runder werdenden Bauch. Freude über den anstehenden Erben beherrschte das Haus. Sechs Monate lang, bis sie Krämpfe bekam und einen toten Jungen vor der Zeit gebar. Von da an war alles anders. Der Herr wurde immer stiller, bis er an einem langwierigen Leiden starb. Die Dienerschaft musste auf Befehl der Witwe gehen, und sie suchte nur ein einziges neues Dienstmädchen. Beke hatte Glück, denn eine ihrer Schwestern war sehr fleißig im Haus der Familie Esich, und so bekam sie eine Empfehlung.

Drei Jahre war das her, und Gredje wurde immer strenger, lachte wenig, ging viel in die Liebfrauenkirche und betete. Eher selten besuchte sie die nur wenige Schritte entfernte Stephanikirche. Wenn und sich nach dem Gottesdienst die Besucher zerstreut hatte sich unbeobachtet wähnte, sank sie auf die Knie, blickte in den Himmel und führte ein Zwiegespräch mit Gott.

Das Grab ihres totgeborenen Sohnes und ihres Mannes auf dem Friedhof besuchte sie nie, da der Schmerz zu groß war.

Das war die Geschichte der Gredje von Essen, und ich schaute oft verstohlen in das Gesicht der Herrin und suchte in den Zügen nach Jugend, Unbekümmertheit, Freiheitsdrang und Liebe.

Einmal im Monat schickte sie mich auf den Stephanikirchhof, um die Grabplatte der Familie von Essen zu säubern. Mit meinen Fingern fuhr ich beim ersten Mal, wie eine Fürbitte für die Verstorbenen, die Lettern nach. Beke hatte mir erzählt, was dort eingemeißelt war: 20. September 1552 – Abschied von meinem geliebten Mann, Nuralf von Essen. Darunter stand nur ein Datum: 18. Januar 1549.

Meine Jugend im Haus Geeren 28

Beke umarmte mich ein letztes Mal. Dann war ich alleine mit der Essmannschen, wie sie oft genannt wurde. Ich musste lernen, ihre Angewohnheiten hinzunehmen und ihre Anweisungen zu befolgen.

In den ersten Jahren hatte ich wenig Kontakt zu anderen Menschen. Dabei pulsierte der Geeren vor Leben: Hühner liefen gackernd herum; Hausierer klopften an Türen, um ihre Waren zu verhökern; Kinder spielten kreischend miteinander; und Bauern trugen Waren in Kiepen zum Markt oder zogen Handwagen hinter sich her.

Ich sprach eigentlich nur mit der Herrin, und das immer mit Vorsicht, denn ich hatte Scheu vor ihr, da ich nie wusste, ob ich das Richtige sagte, oder überhaupt, was ich fragen durfte.

Die Witwe von Essen gab mir Anordnungen, was ihre Kleidung betraf. Mit der alle sechs Wochen ins Haus kommenden Schneiderin wurden ihre Kleider ständig aufgeputzt. Mein erster Eindruck von ihr war schwarz-weiß, und selten sah ich sie in den kommenden Jahren anders gekleidet.

Damit ich es nicht vergaß, bläute sie mir mehrfach ein, was ich bei ihrer Garderobe beachten musste.

»Merk es dir, Wübke, ich wiederhole mich, obwohl das doch nicht so schwer zu behalten ist. Du musst für drei Gelegenheiten meine Gewänder parat legen: Ich bin privat zuhause; ich bekomme Besuch oder verlasse den Geeren, um auf den Markt oder in die Kirche zu gehen; und zu guter Letzt – ich bin auf ein Fest eingeladen.«

»Ihr tragt nie ein Korsett«, konnte ich anbringen, denn das war immer so.

»Die von der Mode vorgegebene Form, die der weibliche Körper haben soll, lehne ich ab.«

»Euer einziges Zugeständnis an Proportionen ist der ›Weiberspeck‹, der gerade populär wird.«

»Genau, wenn du mir diese ringförmige, mit Werst gefüllte Leinenrolle um meine leider zu ausladenden Hüften bindest, betont sie wenigstens meine schmale Taille. Also, wir gehen noch einmal alles gemeinsam durch, damit es endlich in deinem dummen Kopf ankommt. Du zählst auf.«

»Eure Strümpfe sind aus Barchent genäht, einem Wolle-Leinen-Gemisch. Die Hemden aus weißem Leinen müssen sehr schlicht geschnitten sein. Darüber tragt Ihr ein Untergewand aus Wollstoff mit langen, geraden, oben gepufften Ärmeln. Die sind mit Bändern an dem Mieder verknotet, damit man sie wechseln kann. Das Obergewand ist ebenfalls aus Wollstoff, gefüttert mit Seide. Es springt vorne auf und zeigt einen Blick auf das Untergewand.«

Bei dieser Unterredung hatte meine Herrin ihren Schrank im Ankleidezimmer geöffnet und holte einzelne Kleider hervor.

»Weiter«, sagte sie. »Was hast du noch behalten?«

»Egal, ob Ihr Besuch bekommt oder das Haus verlassen wollt, die Haube und Halskrause müssen blütenweiß und akkurat gelegt sein.«

Sie hörte natürlich nicht, wie ich stumm, im Vorgriff auf weitere Abfragen, herunterleierte, was sie noch würde hören wollen: Euer Umhang ist ebenfalls aus Wollstoff und mit Leinen gefüttert, das reicht für einen Marktbesuch; aber ansonsten hat es ein Brokatkleid zu sein und die Fütterung des Überwurfs ist aus Pelz; an dem breiten Gürtel hängen Taschen, in denen Schlüssel und Münzen klimpern, darum dürfen sie keine Löcher haben, damit Ihr nichts verliert; und die Schuhe müssen immer poliert sein.

Ich blickte dabei auf ihre blonden, dicken Haare die von wenigen grauen Strähnen durchzogenen waren. Sie trug die geflochtenen Zöpfe zu Schnecken gerollt über den Ohren.

»Wübke …«

»Wenn ein Fest ansteht, nehmt Ihr Anleihe an die Bremer Tracht. Dann tragt Ihr über dem Hemd erst einen roten Samtrock und darüber einen kürzeren schwarzen. An den ist ein Mieder geknüpft, über dessen Vorderseite breite Silberketten geschnürt werden. Über allem habt Ihr eine Ärmeljacke aus Seidendamast an und eine Tiphoike, einen bodenlangen schwarzen Mantel, der über den Kopf gehängt wird. Die Stoffrolle vorne sieht wie ein Horn aus. Das ist lustig.«

Denn letzten Satz hätte ich besser nicht gesagt, denn sie wurde unwirsch.

»Was soll ich nur mit dir machen, du Trampellieschen. Gib nicht deine Meinung zu Sachen ab, von denen du nichts verstehst. Immerhin ist etwas hängen geblieben.«

Meine Kleidung war einfach. Ich hatte ein Hemd, allerdings aus gutem Leinen, und ein schlichtes, kastenförmiges Obergewand in gedeckten Farben, wie grau oder braun. Dazu trug ich eine weiße Schürze und ein Kopftuch. Meine Schuhe waren Holzpantinen mit Lederriemen. Die kratzenden Strümpfe bezog sie für mich von einer Strickerin. Wenn sie an mir einen Schmutzfleck sah, dauerte ihr Gezeter lange.

Meine Herrin rührte selbst Salben an und schmierte sie sich ins Gesicht. Ich vermutete, das sollte helfen ihre Schönheit zu bewahren. Mir erschien sie nie wie eine junge Frau, aber als ich in den Hauhalt kam, hatte sie gerade erst ihr sechsundzwanzigstes Lebensjahr erreicht. Sie wirkte vom ersten Moment an auf mich, als wäre sie doppelt so alt, da sie immer so gesetzt war, nie ausgelassen fröhlich und so unnahbar. Das Alter übernahm aber ganz allmählich, gnadenlos Teile ihrer Jugend. Die kleinen Fältchen neben den Augen und die erschlaffende Haut unter dem Kinn verrieten, dass sie inzwischen mehr als drei Jahrzehnte gesehen hatte.

Einmal in der Woche badete die Witwe von Essen. Die Seife dafür kaufte sie auf dem Markt. Ich musste in der Küche Wasser heiß machen und schrubbte ihr, wenn sie in dem Bottich saß, den Rücken. Anschließend wusch ich ihre Haare und reichte ihr die vorgewärmten Laken zum Abtrocknen. Danach stieg ich in den Zuber, um mich gründlich in dem erkalteten Wasser zu reinigen. Die nach Damaszener-Rosen duftenden Schaumbläschen zerplatzten erst auf ihrer, die Reste davon dann auf meiner Haut. Ich schnupperte danach so lange an mir selbst, bis das Bouquet verflogen war. Streng kontrollierte sie bei mir das, was sie Zahnpflege nannte. Mit einem frisch gebrochenen Ast rieb ich jeden Morgen und Abend die Zähne ab, ging mit einem Faden in die Zwischenräume und entfernte so Essensreste.

Anfangs war die Witwe von Essen dabei und erteilte Instruktionen, wenn Dienstleute kamen, doch als ich acht Jahre alt war, übergab sie diese Aufgabe mir. Nur die Bezahlung nahm sie immer selbst vor. Am letzten

Sonntag im Monat, nach dem Kirchgang, sprachen die Leute vor, erhielten ihren Lohn und verließen meine Herrin mit zahlreichen Verbeugungen.

Draußen, auf der Straße herrschte Leben, aber ich war die ersten Jahre nach meiner Ankunft meist drinnen, im Haus und einsam.

Manchmal unterhielt ich mich mit der Magd ein Haus weiter rechts, wenn wir uns vor der Tür beim Fegen der Auftritte trafen. Sie hatte Angst, dass sie entlassen würde, weil ihr Herr viel Geld verlor, als er sich beim Tabakhandel verspekuliert hatte. Auf der anderen Seite von uns wohnte ein älteres Ehepaar, welches vermögend zu sein schien, denn ich habe den Mann nie Geschäften nachgehen gesehen. Manchmal fragte ich mich, ob sie wohl noch lebten, weil sie so leise waren. Auch bei schönem Wetter war selten ein Fenster geöffnet. Die Witwe von Essen wechselte, außer einem angedeuteten Gruß, nie ein Wort mit den Leuten, die direkt Wand an Wand mit ihr wohnten oder anderen Nachbarn.

Wenige Jahre nach meinem Einzug verschwand der Tabakhändler und das Ehepaar starb. Lange Zeit standen die Häuser leer.

Ich war beglückt, als die Witwe von Essen anfing, mich zum Markt mitzunehmen. Sie achtete darauf, ob ich anständig gekleidet war, denn wenn wir zusammen das Haus verließen, inspizierte sie mich vorher auf das Genaueste. Ich folgte ihr in gebührendem Abstand mit einem Korb, um die erstandenen Sachen zu tragen. Bei jedem Kauf lehrte sie mich, was an der Ware zu beachten war, und wie man feilschen musste, um den richtigen Preis zu erzielen.

»Die Äpfel sind wurmstichig und die Birnen haben Druckstellen. Ich gebe dir höchstens die Hälfte der geforderten Summe«, herrschte sie die Marktfrau am ersten Stand an. Bei der zweiten Auslage war es nicht anders. »Wenn da wirklich in der Seife die Essenzen sind, wie du mir sagst, dann würde sie anders duften.« Auf den Einwand des Händlers, dass die Ware hochwertig wäre, und vielleicht auf dem Weg aus fernen Ländern ihren Wohlgeruch verloren hätte, ließ sie sich nicht ein. »Du willst mir doch wohl nicht weismachen, dass das Stück aus dem Orient kommt. Die ist hier gekocht, und du hast eine billige Floribundarose genommen. Bei dir kaufe ich nicht.«

Sie ging, und der Mann lief buckelnd, die Güte seiner Ware preisend, hinter ihr her. »Selbst am dänischen Hof von König Christian III. wäscht sich Prinzessin Dorothea damit.« »Erzähle mir keinen Unsinn«, war ihre Antwort, »nie und nimmer kauft man dort Seifen von dir. Aber, wenn wir uns über den Preis einigen können, will ich eine nehmen. Zur Probe.«

Außerdem brachte meine Herrin mir bei, mich in der Stadt zurechtzufinden. Ich glaubte, dass tat sie nicht um meinetwillen, sondern weil sie Zeit im Überfluss hatte, und ich begreifen sollte, nach Botengängen immer auf dem schnellsten Weg wieder zum Haus Geeren 28 zu kommen.

»Pass auf, und merke dir die Wege, die ich dir zeige. Ich will keine Ausreden hören, dass du dich verlaufen hast. Trödelei dulde ich nicht.«

»Ja, ich bemühe mich.«

Sie zeigte mir die wichtigsten Straßen, Verbindungsgassen und Pfade. Wenn wir das Haus verließen und den Geeren entlang Richtung Marktplatz gingen, kam bald das alte Stadttor Natel, welches die Grenze zur Altstadt markierte. Es war nur noch eine Pforte, denn im Zuge der Erweiterungen der Stadtmauer, die das Stephaniviertel mit einschloss, hatte man die alte Befestigungswand stehen gelassen. Direkt in diese Mauer eingebaut war ein Turm, der nicht richtig rund war, sondern viele Ecken hatte. Sein massives Eingangstor aus schweren Holzstreben wurde eingerahmt von Sandsteinfindlingen, die seine Wuchtigkeit verstärkten.

»Wübke, hier wirst du jedes Mal schnellen Schrittes vorbeigehen. In dieser Festung werden Straßenräuber und Strauchdiebe arretiert. Die Wände sind drei Meter dick. Die Zellen liegen im Keller und den oberen Geschossen. Seine Höhe ist fünfzehn Meter. Bleib nicht stehen und gaffe, wenn die Stadtbüttel einmal einen Verbrecher dort hineinzerren, wo er hingehört.« Mit diesen Worten schob sie mich weiter.

»Jetzt sind wir in der Langenstraße, die verläuft bis zum Marktplatz durch das Kaufmannsviertel. Hier stehen große, hohe Häuser und du merkst deutlich den Unterschied zu unserem schlichten Quartier. Das da ist die Hollemannsburg. Vor zwei Jahrhunderten hat hier der unehrenhafte Johann Hollemann gelebt. Mit Vorliebe setzte er Hamburger Schiffe in der Nordsee fest, entführte Kaufleute und verlangte Lösegeld. Unter anderem war seine Seeräuberei ein Grund, dass Bremen nach dem ersten Ausschluss gezwungen wurde, wieder in die Hanse einzutreten, um den Kampf gegen Piraterie zu verstärken. Er fühlte sich dem Klerus und weniger den Kaufleuten verpflichtet, wurde von Unbekannten erschlagen und vor seinem Haus aufgehängt. Heute lebt hier die Familie von Weyhe.«

»Was ist die Hanse, Herrin?«

»Eine Kaufmannsvereinigung, der die wichtigsten Handelsstädte angehören. Da wir Bremer aber gern unsere eigenen Interessen über die von Lübeck und Hamburg stellen, sind wir schon zweimal aus der Hanse ausgeschlossen worden. Mehr musst du nicht wissen.«

Sie zeigte sie mir die Münzstätte, den Marstall des Rats, die Stadtwaage und die öffentlichen Badestuben. Ich erfuhr auch von ihr, wer der Roland gewesen war, der als steinerner Riese auf dem Marktplatz stand, und den Blick gegen den Dom richtete.

»Bevor du anfängst zu fragen … Vor langer Zeit hatte ein großer Kaiser einen Repräsentanten. Dieser Paladin wurde zum Sinnbild für Freiheit, als man ihn nach einer heldenhaften Schlacht in einen Hinterhalt lockte und er im Kampf fiel. Seine Statue wurde fast zeitgleich mit dem Baubeginn des Rathauses errichtet. Er steht hier, damit er die Pfaffen in der Domburg an die Rechte und Selbstbestimmung der Stadt erinnert.«

Da kein Markttag war, konnte ich ungehindert das Rathaus mit seinen Arkaden bestaunen und die Leute beobachten, die dort ein- und ausgingen. Sie erklärte mir, wie sich der Rat zusammensetzte und wie die jeweilige Anzahl der Ratsherren war, die aus den vier Kirchspielen innerhalb der

Stadtmauern kamen, und berichtete von Bürgermeistern und der Wittheit. Aber ich war so geblendet von dem Wohlstand um mich, dass ich nicht richtig zuhörte. Nach der Kate meiner Großmutter war mir ihr Haus wie ein Palast vorgekommen, doch im Verhältnis zu diesem Prunk war es anspruchslos. Ich fühlte mich überflutet von so vielen Eindrücken, und meine Nase rebellierte. Geld, Macht, edle Stoffe und glitzernde Juwelen, alles war da im Überfluss, doch es stank bestialisch in den Straßen. Der Geruch von getrocknetem und frischem Schweiß war allgegenwärtig. Vergammelte Lebensmittel lagen herum und Alkohol- und Fäkalienschwaden flanierten ungeniert mit den Menschen. Zu meinem Entsetzen sah ich kostspielig gekleidete Bürgersfrauen, die sich einfach hinhockten und urinierten. Ich blieb stehen und zeigte mit meinem Finger wortlos auf die dünnen, gelblichen Rinnsale, die unter den gerafften Rocksäumen hervorrannen. Männer in teuren Gewändern schlugen ihr Wasser wahllos gegen Hauswände ab.

»Ignorier das.«

Die Witwe von Essen ging einfach weiter. Ich rannte so schnell ich konnte hinter ihr her. Sie führte mich über die Domsheide in Richtung des Schnoorviertels, durch das ein Seitenarm der Weser, die Balge, floss. Es war beengend klein und sehr ärmlich dort. Als ich in einigen Gassen die Arme ausbreitete, konnte ich mit den Händen die Wände rechts und links von mir berühren.

»In diesem Teil der Stadt wohnen viele Fischer, Seeleute und Gesindel. Ich meide diese Gegend. Du hast das gefälligst auch zu tun. Sodom und Gomorrha, die schlimmsten aller Laster herrschen hier.«

Mit der Ostertorfestung endete Bremen. In der Ferne sah ich Gehöfte und Obstgärten mit riesigen Flächen für den Anbau von Kohl und anderem Gemüse. Wir waren einmal die ganze Stadtfläche längsgegangen. Der Weg hatte fast zwei Stunden gedauert. Die Witwe von Essen zeichnete mit ihrem Zeigefinger einen Bogen in die Luft. Sie nannte die wichtigen landseitigen Stadttore in Richtung Westen: das Herdentor, um das Vieh auf die Bürgerweide zu treiben; das Ansgariitor, in dem sich der Schuldturm befand; das Doventor, dessen Turm eine Windmühle war, und das hauptsächlich für militärische Zwecke genutzt wurde; und schlussendlich das Stephanitor. Befestigungswälle und ein davor künstlich angelegter Graben sicherten zusätzlich das ganze Stadtgebiet.

Zurück auf dem Marktplatz, erkannte ich den Eingang zur Sögestraße wieder. Aus dieser Richtung, wahrscheinlich durch das Herdentor, war ich damals mit meiner Großmutter gekommen. Wir spazierten eine Straße entlang, die mich so beeindruckte, dass ich einmal mehr mit offenem Mund stehen blieb.

»Ist sie nicht prächtig, unsere Obernstraße?«, fragte mich die Witwe von Essen, amüsiert über mein Staunen. »Sie verläuft oberhalb und parallel zur Langenstraße und ist die vornehmste Adresse Bremens. Im Gegensatz zu anderen Straßen wird sie regelmäßig gereinigt. Am Ende kommen wir gleich in die Hutfilterstraße, die ihren Namen von den Filzern bekommen hat, die dort Kopfbedeckungen fertigen. Durch die Pforte ›Am Brill‹ gelangt man auf die Faulenstraße. Wie der Geeren zur Langenstraße ist sie die Verlängerung der Obernstraße.«

An anderen Tagen, sehr abhängig von ihrer Laune, die mindestens einmal im Monat einen Tiefpunkt erreichte, zeigte sie mir die Wege hinunter zum Fluss, die zu vielen, kleinen Pforten führten. Wo es keine Befestigungsmauer gab – das war fast der ganze Hafenbereich mit den Schiffsanlegestellen an der Schlachte sowie Teile des Schnoorgebiets –, sicherten sie die Stadt und wurden wie die Tore bewacht. Die Schlüsselhoheit lag auch hier bei einem Ratsherrn, der in dem Viertel nahe dem Durchgang wohnte.

Einmal ging sie mit mir über die Weserbrücke, um mir Bremen von der anderen Seite des Stroms zu zeigen. Vor uns sah ich zum ersten Mal aus der Nähe die Halbinsel Herrlichkeit, auf der in einer Schiffsbauanlage Menschen wie Ameisen wuselten.

»Die Männer haben früher Koggen gebaut. Jetzt zimmern sie die Kraweel-Handelsschiffe. Die Beplankung am Rumpf wurde verbessert, damit die Schiffe sicherer im Wasser liegen. Das, an dem sie gerade arbeiten, ist fast fertig und wird noch diesen Herbst vom Stapel laufen, also bereit sein, um in die Welt hinauszusegeln. Die Herrlichkeit nennt man auch Teerhofinsel, da wegen der Brandgefahr das Teerhaus nicht in der Stadt stehen darf. Hier ist es praktisch, denn beim Bootsbau braucht man den Teer, um ihn zwischen die Planken zu schmieren.«

Besonders auf die Pulvertürme, in denen zur Verteidigung der Stadt Munitionsvorräte und Waffen lagerten, machte sie mich aufmerksam.

»Im Osten liegt der Ostertorzwinger, den ich dir schon gezeigt habe. Auf der Halbinsel vor uns erhebt sich neben der Werft die Braut.«

»Warum nennt man einen Turm Braut?«, wollte ich wissen.

»Weil ihm die Stadt wie eine Angetraute zu Füßen liegt. Die Braut hat einen Bräutigam. Das ist der, der bei uns im Stephaniviertel steht. Diese drei Befestigungen werden auch Zwinger genannt, weil man Gefangene dort inhaftiert und foltert«, schloss meine Herrin sachlich ihre Ausführungen. Ich bekam Angst und beschloss, dass ich immer Abstand zu diesen Bastionen halten würde.

Ich lernte keinen Müßiggang kennen, doch ich schaffte meine Arbeit und selten gab es Schelte. Als ich ein gutes Spitzenband beim Bügeln verbrannte, bekam ich meine erste Ohrfeige, der noch drei weitere folgten: ich hatte Gebäck zu lange auf dem Feuer liegen gelassen; Wein war nicht richtig gewürzt; und einmal hatte ich vergessen, die Treppenstufen zu wischen.

Meine Herrin gab mir Unterricht in einer ganz speziellen Sache. Sie führte mich an das Lesen und Schreiben heran. Es begann damit, dass sie Sand auf den großen Tisch in der Halle schüttete, um Zeichen hinein zu malen, die ich akribisch nachformen musste. Nach der ersten Lektion, als ich zehn Jahre alt war, bekam ich meine fünfte Ohrfeige. Die war schmerzhafter als alle vorherigen. Tränen traten mir in die Augen. Ich fragte sie stammelnd: »Warum? Was habe ich falsch gemacht? Die Buchstaben, wie Ihr sie nennt, waren doch alle richtig.«

»Das war dafür, dass du niemandem sagst, dass du das kannst. Keiner darf wissen, dass du weißt, was da steht, wenn du etwas Geschriebenes in die Hand bekommst. So hast du Macht. Mit diesem Vorteil wirst du mir zur Seite stehen, aber auch deinen eigenen Nutzen daraus ziehen.«

Wenige Tage später kam Traugei nicht nachhause. Als er die ganze Woche verschwunden blieb, schickte die Witwe von Essen einen Jungen der gerade Holz anlieferte los, er möge ein männliches Katzenbaby besorgen, das genau so aussah, wie der Kater, der hier sonst immer herumlief. Ein neuer Traugei wurde unser Hausgenosse. Das kleine Fellbündel wuchs, und nach mehreren Monaten hatte ich das Gefühl, der alte Kater wäre nie weg gewesen.

Mein eintöniges Leben fing an schöner zu werden, als ich im Alter von fast elf Jahren Stine Ehmker kennenlernte. Das fröhliche Mädchen wohnte nur wenige Häuser weiter in der Straße. Mir war seit kurzem jeden Donnerstag eine Stunde zu meiner eigenen Verfügung gewährt worden. Meine Herrin hatte ein schwarzes Buch, in das sie oft schrieb, und da sie sich bei der Arbeit konzentrieren müsste, wie sie sagte, durfte ich für die Zeit aus dem Haus. Ich stand an der Schlachte und sah zu, wie die großen Schiffe und kleinen Eken beladen wurden. Stine kam in Begleitung ihrer Mutter vom Markt. Ich kannte sie vom Sehen, und beneidete sie um ihre Familie. Was war wohl aus meiner Großmutter geworden, fragte ich mich oft. Alke Gerken war nie wieder bei Gredje von Essen erschienen. Mit der Zeit lernte ich, sie zu vergessen, aber in einem Teil meines Herzens hielt ich den Gedanken an sie fest, wie in einem sicheren Behältnis eingeschlossen. Wenn ich spätabends dem knarrenden Holz der Türen und Treppe lauschte, und gar nicht einschlafen konnte, dann öffnete ich die Kapsel ein wenig, um meine Sehnsucht herauszulassen.

»Ich kenne dich. Bist du nicht die Magd von der Essmannschen?«

»Ja.«

»Wir sind beide in einem Alter. Hast du nicht einmal Lust mit mir zusammen spazierenzugehen?«

»Ich glaube nicht, dass sich das schickt. Außerdem habe ich wenig Zeit. Aber ich würde schrecklich gern.«

Das war der Beginn dessen, was ich sofort Freundschaft nannte, in Wahrheit aber anfangs nichts anderes gewesen war, als der Austausch von Höflichkeiten zwischen einer höher gestellten Jungfer und einem niederen Dienstmädchen. Danach sahen wir uns öfter, und wenn sich die Gelegenheit ergab, sprachen wir miteinander. Gesine Ehmker, Stines Mutter, war nicht bekannt mit meiner Herrin. Ich habe beide immer einen freundlichen Gruß austauschen gesehen, sie aber nie mit einander sprechen gehört. Ihre Mutter fände Gredje von Essen hochmütig und eingebildet, erzählte Stine mir. Sie richtete es bald so ein, dass sie immer dann eine Besorgung zu machen hatte, wenn ich meine freie Stunde am Donnerstagnachmittag bekam. Begegneten wir uns vor oder nach dem Gottesdienst, schafften wir meistens ein verstohlenes Winken.

Meine Herrin nahm mich am Sonntag mit zur Predigt, aber nur wenn sie in die Stephanikirche ging. Ich stand dann hinten am Eingang, während sie vorne im Gestühl Platz nahm. Zuhause musste ich oft aus der Heiligen Schrift vorlesen. Sie war bekennende Protestantin und besaß eine Lutherbibel als Gesamtwerk. Ich hatte keine Ahnung, wie reich Gredje von Essen war, die sich immer gern als arme Witwe bezeichnete. Aber sie schien vermögend zu sein, denn so ein Buch war unbeschreiblich teuer. Ich musste mir die Finger sehr gründlich waschen, und auf den großen Tisch in der Halle eine Decke zwischen das Holz und den Ledereinband legen, bevor ich sie aufschlug.

Als ich elf Jahre alt war, veränderte sich mein Schlaf. Früher war ich am Ende des Tages erschöpft auf meinen Strohsack gesunken, und lag noch nicht, als ich in stundenlangen Schlaf eintauchte. Jetzt wurde ich häufig wach und lauschte in die Dunkelheit. Ich hatte das Gefühl, dass das Haus mindestens alle paar Wochen zum Leben erwachte, um mit einem der leer stehenden Nebenhäuser zu sprechen. Es stöhnte und ächzte dabei. Auch meine Herrin schien das zu merken, denn an den Abenden vor diesen Nächten verlangte sie immer eine Karaffe Wein und Brot oder Käse in ihrem Schlafzimmer. Das tat sie bestimmt, um dann besser schlafen zu können, dachte ich. Als ich sie einmal ganz vorsichtig fragte, ob das so wäre, kniff sie die Augen zusammen, runzelte die Stirn und herrschte mich an:

»Das geht dich nichts an. Ich kann Wein trinken, so viel und wann ich will. Tu einfach, was ich dir sage. Haben wir noch von dem Käse, den ich von der Marktfrau vom Achterdiek-Hof gekauft habe? Den bringst du auch mit.«

Seitdem zog ich mir in solchen Nächten die Decke über den Kopf und stopfte mir Stofffetzen in die Ohren. Es war manchmal, als ob das Haus lachte und eines der unbewohnten Häuser lachte zurück.

Die Herrin stand mit vielen bekannten Familien und den ehrbarsten Matronen der Stadt in Kontakt. Sie ging der Zobelschen gratulieren, als deren Sohn Heinrich geboren wurde, und auch die Kreftingsche besuchte sie zur Geburt von deren Sohn selben Namens. Darum wunderte ich mich auch so, als sie sich ein paar Mal auf einen Schwatz, wie sie es nannte, mit Maria Föge traf oder sie gemeinsam Butter machten. Schräg gegenüber im Geeren war eine Schmiede. Der Besitzer, Ludger Föge, wohnte mit seiner Frau und der Tochter Berthe im Haus daneben. Je nach Auftragslage schwelten bis spät in die Nacht die Feuer. Das Hämmern auf den Ambossen war ein wenig rhythmisches Schlaflied, denn der Schmied trieb die Gesellen unbarmherzig zur Arbeit. Ihm selbst sah man die jahrelange, schwere Tätigkeit an. Seine Schultern waren massig, die riesengroßen Hände immer dreckig, und ich konnte mir nicht vorstellen, dass er mit diesen ausgearbeiteten Fingern einen Löffel anstelle eines Hammers halten konnte. Maria Föge und ihre Familie passten so gar nicht zu der Witwe von Essen. Die Frau wirkte unfein auf mich. Die Tochter war genauso, mit ihrem gezierten Getue, einer manchmal gewöhnlichen Ausdrucksweise und Kleidern, deren bunter Stoff zu auffällig war. Es musste dann etwas vorgefallen sein, was ich nicht mitbekam, denn plötzlich hatte meine Herrin bei einer zufälligen Begegnung nicht einmal mehr ein knappes Nicken für die Fögesche übrig.

Gredje von Essen empfing Freundinnen meist im Wohnzimmer, aber wenn ihr Bruder oder seine Frau mit deren Kindern kamen, wurden diese nie in den ersten Stock gebeten. Den meisten Kontakt hatte sie mit Metje Hoyer.

Ich war dreizehn Jahre alt, als deren Mann, Erich Hoyer, Doktor der Rechtsprechung, 1562 Ratsherr wurde. Es war Brauch, dass jeder neu gewählte Amtsinhaber ein Fest, das Isen, feierte. Was das bedeutete, wollte ich wissen, und die Witwe von Essen erklärte es mir:

»Das Wort Isen geht ursprünglich darauf zurück, dass im Winter das zugefrorene Eis in den Gräben rund um die Stadt zerschlagen werden musste, um die Sicherheit Bremens zu gewährleisten. Danach wurde ein Fest gefeiert. Heute ist es Sitte, wenn man neues Mitglied wird, die Bürgermeister und den Rat zu bewirten.«

»Den ganzen Rat? Aber das sind doch mehr als zwanzig Männer.«

»Ja, wir haben vierundzwanzig amtierende Ratsherren und vier Bürgermeister. Aber Erich Hoyer hat mit Freunden und Familie über achtzig Menschen geladen.«

Sein Isen richtete er in den Räumen des Wirtshauses »Zum Straußen« am Marktplatz aus. Gredje von Essen hatte mich mitgebracht, um ihrer Freundin zu helfen. Mit hochrotem Kopf hantierte ich in der fremden

Küche, schwatzte mit unbekannten Köchinnen, Serviermädchen, Pferdeknechten und Lieferanten. Selten war ich so selig. Noch nie hatte ich der Einsamkeit des Hauses Nummer 28 für einen ganzen Abend entfliehen können. Was hätte ich Stine alles zu erzählen, freute ich mich. Als Tochter eines Schneiders, wenn auch eines reichen mit vier Gesellen, war sie weiter davon entfernt, dieses Schauspiel zu sehen, als ich davon, vielleicht doch noch einmal meine Großmutter zu treffen. Mir war ein Blick in den Festsaal vergönnt. Ich schaute verträumt und geblendet auf die stattlichen Männer in ihren gebauschten Beinkleidern, mit den Ratsketten auf dem Wams und den kurzen offenen, pelzverbrämten Mänteln. Selbstgefälligkeit, Reichtum, der Glaube an eigene Willkür, sowie Siegessicherheit und Stolz auf die Freiheit der Stadt, waren ein Teil des Festes, den ich wahrnahm. Die Frauen sahen eine hübscher aus als die andere, aber meine Herrin war die schönste von allen. Das Kerzenlicht machte ihre Züge weich. Ich stellte mir vor, wie bezaubernd sie als junge Frau gewesen sein musste und dachte an das, was Beke mir erzählt hatte. Noch immer waren ihre Bewegungen fließend, und trotz ihrer Größe wirkte sie graziös. Vielleicht lag das aber auch daran, dass der Mann, der sie ansprach, sie um Haupteslänge überragte und seine breiten Schultern sie zierlich aussehen ließen. Gredje von Essen setzte sich auf einen Stuhl. Sie spielte mit den Falten ihres Samtrocks und schien zu erröten, als er sich höflich verbeugte. Anders als die meisten anwesenden Männer trug er seine dunklen Haare wie auch den Bart kurz geschnitten. Er war teuer, aber ohne jeglichen Zierrat in Schwarz gekleidet. Wie gern hätte ich gehört, was er sagte und wie ihre Antwort lautete, doch ich wurde gerufen, um zurückzukehren in den Kreis meinesgleichen. Wir sorgten mit ausgelassener Heiterkeit weiter dafür, dass Erich Hoyer einen guten Eindruck hinterließ. Sein Fest sollte als eines der reichhaltigsten und schmackhaftesten in die Geschichte eingehen, mit den besten Weinen und Bieren im Ausschank. Die Musik der Fiedeln und Trommeln tönte durch die Gaststätte bis weit über den Marktplatz in die Stadt hinein.

Da Beke mir gezeigt hatte, wie und wo man am besten im Haus der Witwe von Essen lauschen konnte, wusste ich stets ziemlich genau, was besprochen wurde, wenn Metje Hoyer zu Besuch kam.

Beide Frauen waren sehr gottgläubig. Sie verehrten immer noch den niederländischen Prediger Albert Hardenberg, der schon vor einem Jahr Bremen verlassen hatte. Er war vor sechzehn Jahren, ohne eine eigene Gemeinde, als Domprediger in die Stadt gekommen. Warum er gegangen war, begriff ich nicht so ganz. Metje Hoyer anscheinend auch nicht, denn sie sprach oft mit meiner Herrin darüber.

»Was ist das nur für ein Unfug, sich wegen der Bedeutung des Abendmahls zu streiten. Und das schon seit Ewigkeiten. Es ist doch Haarspalterei, ob Jesus Christus vielleicht doch körperlich dabei ist, wenn wir seinen Leib in Form von Brot und sein Blut als Wein empfangen. Diese Ubiquitätslehre – ich kann das Wort kaum aussprechen – der Lutheraner kann ich nicht nachvollziehen. Albert Hardenbergs Auffassung, dass Christus seit seiner Himmelfahrt bei Gott ist, und uns nur im Geiste begleitet, finde ich einfacher. Im Krieg war er Feldprediger und hat die Truppen begleitet. Das spricht doch für seinen Mut. Außerdem ist er ein so schöner Mann. Dieser hellbraune, lange Bart und die dunklen Augen. Ich habe an seinen Lippen gehangen.«

»Metje, dass sind Dinge, von denen wir nach Ansicht der Männer nichts verstehen. Sie sollten sich um wichtigere Dinge kümmern, und nicht Könige und Kreistage damit beschäftigen, wie man die Sache auslegen kann. Aber wahrscheinlich steckt mehr dahinter, als wir ahnen. Ränkespiele um die Macht. Wer weiß. Aber wir sind uns einig, dass Christus, der Herr, im Himmel ist und über uns wacht. Nur sein Geist weilt unter uns.«

In dieser Zeit kämpften die orthodoxen Lutheraner gegen die gemäßigteren, reformierten Glaubensanhänger der Lehren von Calvin und Melanchthon. Bürgermeister Daniel von Büren unterstützte, anders als die meisten konservativen Ratsherren, letztere und somit Hardenberg. Damit hatte er die Mehrheit des einfachen Bürgertums auf seiner Seite, denn denen waren die Orthodoxen nicht bescheiden genug. Metje Hoyer hatte immer Angst um ihren Mann, der sich auf neutralem Boden zwischen den Ratsfraktionen hatte halten können. Es ging soweit, dass hunderte erzürnte Bürger vor dem Rathaus eine Versammlung abhielten, um freie Religionsausübung sowie die Verbannung der Orthodoxen zu fordern. Schlichtungsversuche des durch den Kaiser beauftragten Erzbischofs, Georg von Braunschweig-Wolfenbüttel, scheiterten. Er galt in Bremen als besonnener und gebildeter Mann, der die Reformation förderte und auf die Kirchenordnung achtete. 1558 hatte er seinen verkommenen und verschuldeten Bruder Christoph abgelöst.

Metje Hoyer war nun fast täglich bei meiner Herrin zu Besuch. Es war noch nicht lange her, dass man bei ihnen das Isen gefeiert hatte. Sie wurde immer besorgter um die Stellung ihres Mannes.

»Gredje, ich ängstige mich um Erich. So viele Ratsherren und Prediger sind aus Bremen geflüchtet. Jetzt haben sie beschlossen, neue Mitglieder zu wählen. Anscheinend wollen sie auch nur drei neue Bürgermeister, anstatt der üblichen vier.«

»Das wird schon. Ach Metje, dein Mann ist doch ein besonnener Mensch.«

»Trotzdem. Es kann so schnell zu Ausschreitungen kommen. Ich habe schon überlegt, ob ich nicht lieber mit den Kindern nach Burg Blomendal umsiedeln soll.«

»Eure trutzige Wasserburg, nördlich hinter den Stadtmauern in Blumenthal? Wie schön, dass der Rat sie an eure Familie verpachtet hat. Ich war noch nie dort, aber jeder, der sie gesehen hat, schwärmt von dem Anwesen. Hast du mir nicht erzählt, dass ihr die Decke neu vertäfelt habt?«

»Noch nicht, aber …«

Meine Herrin hatte Metje Hoyer abgelenkt, denn das weitere Gespräch drehte sich um die Viehbestände in Blomendal, und dass dort keine guten Schneider wohnten.

An dem Tag, als die Wahl war, saß auch Christine Vasmer mit bei Gredje von Essen. Sie war die Frau des anderen Bürgermeisters, der neben Daniel von Büren in der Stadt geblieben war, und zitterte ebenfalls um ihren Mann. Ich hatte mich aus der Küche geschlichen, um in dem Verschlag unter der Treppe die Ohren zu spitzen. Nach Stunden des Wartens brachte endlich ein Dienstjunge der Hoyers die Nachricht, dass die Bürgermeister von Büren und Vasmer bestätigt worden waren.

»Der Dritte im Bunde ist unser Herr, Doktor Erich Hoyer«, rief er aufgeregt.

Die Frauen verließen überglücklich die Witwe von Essen.

Meine Herrin saß am Tisch, der rechte Ellenbogen war auf die Tischplatte gestützt und das Kinn ruhte auf der Hand des angewinkelten Arms, während sich die Finger der linken Hand daneben zur Faust ballten. Sie blickte sinnend ins Leere. Zu irgendjemandem im Raum, ich war es nicht, sagte sie leise: »Freut euch nicht zu früh. Man weiß nicht, ob das Los gütig sein wird.« Ich räusperte mich, um sie auf mich aufmerksam zu machen, was sie aufschrecken ließ.

»Schleich dich nie wieder so in mein Wohnzimmer, Wübke. Und jetzt räum ab.«

Ich sammelte die Gläser ein, in denen noch Weinreste schwabbten, und ging genau so die Treppe herunter, wie ich hochgekommen war. Meine Holzpantinen klapperten laut wie immer. Bevor ich die Kelche in Wasser ausspülte, trank ich sie leer.

In dem Jahr kaufte Lammert Harmßen das Nebenhaus, das durch den finanziellen Ruin des Vorbesitzers lange leer gestanden hatte. Aber es wurde keine gute Nachbarschaft. Der Mann hatte sich wohl erhofft, dass Gredje von Essen seine Nachstellungen ernst nehmen und sehnlichst auf seinen Heiratsantrag warten würde. Meine Herrin verabscheute ihn trotz seines guten Aussehens und seines Geldes. Die Tatsache, dass ein fünf Jahre jüngerer Mann um sie freite, schmeichelte ihr auch nicht. Harmßen handelte mit Schlachtvieh. Ihn umwehte immer ein Hauch von Verwesung. Wenn ich ihn genauer ansah, erkannte ich, dass seine kleinen, stechenden Augen viel zu eng zusammenstanden und seine fleischigen Lippen lüstern wirkten. Es dauerte einige Zeit, bis ich in ihm den Mann wiedererkannte, der am Tag meiner Ankunft in Bremen brutal ein Ferkel geschlachtet hatte. Von da an war ich in Habachtstellung, ob nicht wieder ein abgetrennter, rosafarbener, in Blut getränkter Kringelschwanz an mir vorbeifliegen würde. Er war mir ausgesprochen zuwider, und ich musste bei seinem Anblick würgen. Der Witwe von Essen schien es ähnlich zu gehen, denn jedes Mal, wenn er meiner Herrin nahekam, zog sie sofort ein Taschentuch hervor und atmete tief den entweichenden Rosenduft ein. Als er sie nach seinem Einzug zu besuchen begann, blieb sie immer mit ihm in der Halle. Ich tat dann so, als ob ich dort etwas zu erledigen hätte, und sie schickte mich nie weg. Er wurde eines Tages dermaßen direkt, dass sie ihn deutlich aufforderte, sie in Ruhe zu lassen.

»Ich bin eine arme Witwe, ohne Schutz, aber ich denke nicht daran, mich wieder zu verehelichen. Lammert Harmßen, hört auf, mich zu bedrängen. Ihr seid doch ein schöner Mann. Glaubt mir, Ihr werdet schon noch eine junge Braut im gebärfähigen Alter finden.«

Auch wenn die Worte freundlich waren, ihre Augen schossen Kanonenkugeln auf ihn ab. In der Ecke, in der ich Wollfäden sortierte, wagte ich kaum zu atmen. Er stand von der langen Tafel auf, warf dabei den silbernen Becher um, in dem sie ihm den billigsten Wein – einer von der sauren Sorte – kredenzt hatte, und ging ein paar Schritte zurück. Es war ein trüber Tag. Durch das flackernde Kaminfeuer wurde Gredje von Essens Gestalt verzerrt. Lammert Harmßen floh geradezu aus dem Haus.

Er musste durch ihre Ablehnung so tief in seiner Ehre verletzt worden sein, dass er einige Tage danach anfing, meine Herrin in der Öffentlichkeit eine Toversche zu nennen: eine Hexe, die sich Jugendlichkeit ins Gesicht zauberte, um Männer in ihr Bett zu locken. Ich wäre wohl nie dahinter gekommen, wenn Stine mich nicht darauf angesprochen hätte. An einem der Donnerstage saßen wir am Fluss, als sie mich fragte: »Wübke, ist dir eigentlich bei der Witwe von Essen mal etwas Komisches aufgefallen? Ich meine, spricht sie Beschwörungen aus? Oder befiehlt sie der Milch zu guter Butter zu werden?«

»Nein«, antwortete ich. »Sie buttert selten selbst, sondern kauft sie auf dem Markt. Was für Beschwörungen meinst du denn?«

»Solche gegen faulige Zähne und Verletzungen, die nicht zuheilen wollen.«

Vielleicht lag es daran, dass im Haus der Witwe von Essen Reinlichkeit so etwas wie das elfte Gebot war, dass ich deshalb fast nie krank wurde und wir so etwas nicht bräuchten, wollte ich sagen, behielt es aber für mich.

»Ehrlich, Stine, ich kenne sie nur im Gebet versunken oder aus der Bibel zitierend. Wer sagt denn solche Sachen?«, war die bessere Antwort.

»Freundinnen meiner Mutter haben sie gefragt, ob bei der Essmannschen alles mit rechten Dingen zugeht, oder ob sie hexen kann. Euer Nachbar hat solche Vermutungen geäußert. Früher haben sie die Zauberinnen angeritzt, damit sie verbluten, um nicht weiter unschuldigen Menschen schaden zu können.«

Mir schauderte und ich rannte weg. Aber das ließ mir keine Ruhe, und ich erzählte meiner Herrin, vor ängstlicher Verlegenheit stockend, von dem Gerede.

Anfänglich lachte sie noch darüber, als sie hörte, dass Lammert Harmßen solch ein Gerücht in der Stadt verbreitete.

»Zauberei ist in Bremen nie ein großes Thema gewesen. Wenn doch, dann wurde der Verdacht meist schnell entkräftet«, sagte sie zu mir.

»Selten kam es zu einer Verurteilung und 1558 ist Medje Fybelrings freigesprochen worden. Die Verbrennung der Gebke Rehborgs liegt dreißig und die der Drutke Plummers mehr als fünfzig Jahre zurück.«

»Man hat sie verbrannt?«

»Da waren sicher ganz andere Ursachen der Grund für den Schuldspruch. Verwandte wollten die Frauen wahrscheinlich loswerden, um an ihren Besitz zu kommen oder von eigenen Unlauterkeiten ablenken. Es hat auch ein paar Männer gegeben, die man der Hexerei beschuldigte. Denen hat man den Kopf abgeschlagen. Die Bremer sind viel zu aufgeklärt, als dass sie solchen Unsinn glauben. In weiter südlich gelegenen Städten, Grafschaften und Fürstentümern, die noch dem Katholizismus nahestehen, da gibt es häufiger Anfeindungen dieser Art. Und nun Schluss mit dem Humbug. Bring mir ein Glas Wein. Es ist zwar noch früh am Tag, aber das brauche ich jetzt.«

Auch ihre Schwägerin und ihr Bruder, die sie einmal im Monat besuchte, mussten sie darauf angesprochen haben. Denn nach einem dieser Treffen murmelte sie vor sich hin, als sie mir den Umhang gab: »Diese Kleingeister. Es gibt keine Hexen. Es gibt nur Gott, das Schicksal und den Zufall. Aber keine Zauberei.«

Von da an war meine Herrin böse auf Lammert Harmßen. Als sie an einem Sonntag im November die selten von ihr besuchte Stephanikirche verließ, und ihm unerwartet gegenüberstand, konnte ich hören wie sie ihn anzischte: »Lammert Harmßen, Ihr verlogener Mensch. Nur weil ich auf Eure Zudringlichkeiten nicht reagiert habe, habt Ihr nicht das Recht Schlechtigkeiten über mich zu verbreiten. Hört auf mit Euren Lügen, erweist Euch als ehrbarer Mann, gesteht ein, dass Ihr nicht verwinden könnt, dass ich Euren Antrag nicht angenommen habe.« In der kalten Winterluft blieben die Worte in der Luft stehen. Meine Herrin zuckte zusammen, spitze die Lippen, blies sie fort und ging. »Mit dir bin ich noch lange nicht fertig, du eingebildetes Weib, du Mätze«, presste er heraus.

Der Mann zupfte an seinem Wams, pfiff vor Verlegenheit, glaubte, dass keiner sie gehört hatte und ging ebenfalls. Auch seine Worte blieben in der Luft hängen, nur er merkte es nicht. Ich wünschte, ich wäre groß genug gewesen, um sie mit meinen Händen zerschlagen zu können, damit sie wie Eiskristalle auf dem Boden zerspringen würden.

Am nächsten Morgen, als ich den Gehweg vor dem Haus fegen wollte, lag Traugei vor der Tür. Der Schädel war eine eingeschlagene, breiige Masse. Die Augen waren ausgestochen und der Schwanz abgeschnitten. Das samtige Fell wies Verbrennungen auf. Der steife, verstümmelte Kadaver sah entsetzlich aus. Rohe Gewalt hatte ein Lebewesen zerstört. Ich fing an zu schreien, und schrie so lange, bis meine Herrin das Fenster des Wohnzimmers im ersten Stock öffnete, um dann wenige Augenblicke später neben mir zu stehen. Sie starrte entsetzt auf das, was ihr gestern Abend noch auf den Schoß gesprungen war. Durch mein Gekreische kamen aus den Nachbarhäusern neugierige Bewohner auf die Straße, darunter auch Lammert Harmßen. Als er das tote Tier sah, trat er dicht, wie nie zuvor, an Gredje von Essen heran und raunte ihr so laut ins Ohr, dass ich jedes Wort verstand: »Passt auf, was Ihr tut. Das Tier geht auf Euer Gewissen.«

Seitdem waren meiner Herrin oder mir keine Anfeindungen mehr zu Ohren gekommen, und es gab einen neuen Traugei. Doch Lammert Harmßen spuckte noch lange Zeit jedes Mal vor unserem Haus heimlich aus. Man sah ihn von da an verdächtig oft am schräg gegenüber liegenden Haus neben der Schmiede klopfen. Ich vermutete, dass er nun um Berthe Föge freien wollte.

1564 – Anfang August
Das kaputte Fenster

Als ich fünfzehn war, passierte die Sache mit dem Fenster. Langsam, fast unmerklich, aber unaufhaltsam änderte sich unser Leben: sowohl das der Gredje von Essen als auch das meinige.

Ich hatte es eilig, denn es war Donnerstag und ich wollte wieder zu einem der heimlichen Treffen mit Stine. Der Tag Anfang August, an dem ich in der Küche nur noch den Laden und das Fenster schließen musste, war drückend schwül. Meine Herrin wähnte ich schon beim Schreiben und hörte nicht, wie sie in die Küche kam. Bei den Worten: »Ich brauche heute Abend wieder Wein und Käse«, rutschte mir vor Schreck ein Krug, den ich noch ausgewaschen hatte, bevor ich loslaufen wollte, aus der nassen Hand. Er knallte so unglücklich gegen die Fensterscheibe, dass das Glas unter lautem Knacken zu Bruch ging. Die Scherben flogen durch die Luft. Die Witwe von Essen schlug mir mit der offenen Hand dermaßen ins Gesicht, das mein Kopf zurückflog und ich mit meiner Nase so an den Fensterrahmen stieß, dass sie zu bluten begann. Meine Herrin schrie wütend: »Du nichtsnutzige Magd. Weißt du, was ein Fensterglas kostet? So schnell bekommen wir kein Neues. Deinetwegen steht mein Haus nun Dieben und Gesindel offen. Kehr das zusammen.«

Kleinlaut erwiderte ich: »Verzeihung. Es tut mir leid. Ihr habt doch seit Jahren die mir zugesicherten Groschengulden einbehalten. Zieht es davon ab.«

»Du unverschämtes Ding. Da füttere ich dich durch, gebe dir ein Dach über dem Kopf und jetzt wirst du frech? Geh! Sieh zu, dass du einen Zimmermann auftreibst, der das Loch mit Brettern vernagelt.«

Sie rauschte hocherhobenen Hauptes, wie eine Kogge, die alle Segel gesetzt hat und in den Wind dreht, aus der Küche.

Ich beeilte mich mit dem Zusammenfegen der Scherben, wobei ich versuchte die Blutung meiner Nase zu stoppen, denn ich wollte mein Kleid nicht ruinieren. Es war mein bestes Gewand, zwar abgeändert aus einem alten Unterkleid meiner Herrin, doch nun bekam es Flecken, die bestimmt nur schwer wieder zu entfernen sein würden. Ich war nicht eitel, aber wenn ich mich mit Stine traf, dann wollte ich anständig aussehen, um mich neben ihr nicht schämen zu müssen. Erst jetzt ging mir auf, dass meine Herrin Unrecht hatte mit dem Eindringen fremder Menschen. Das Fenster war unnütz, aber schön, denn ich genoss es, durch das unregelmäßige Glas am Tag Licht zu haben. Der Laden war es, der der Sicherheit diente, dass niemand von der Rückseite eindringen konnte.

Leise schluchzend verließ ich das Haus. Am Ende der Straße traf ich Stine, die hin- und herschlenderte.

»Wie siehst du denn aus? Bist du hingefallen?«

»Nein. Ich habe die Scheibe im Küchenfenster meiner Herrin kaputtgemacht. Dafür hat sie mich geschlagen.«

»So heftig, das ist gemein. Hier, ich gebe dir mein Taschentuch. Hätte ich doch kaltes Wasser, um deine Nase zu kühlen. Wenigstens hat es aufgehört zu bluten.«

»Dafür ist keine Zeit. Ich muss einen Tischlermeister finden, der noch heute den Rahmen zunagelt. Wie soll ich das machen?«

Unwillkürlich hatte ich Stine mit in meine Probleme hineingezogen.

Sie wusste sofort, was zu tun war. »Wir gehen zu meinem Onkel. Meister Ehmker hat eine Zimmerei, gar nicht weit von hier, mit Lehrlingen und Gesellen. Er wird uns helfen. Ich bin seine Lieblingsnichte – auch wenn er nur eine hat.«

Stine zog mich wieder zurück, am Haus der Witwe von Essen vorbei. Wir liefen den Geeren entlang Richtung Stephanitor. Nicht weit hinter dem Wall wohnte ihr Onkel in einem Haus, neben dem eine große Werkstatt stand. Dutzende Männer sägten und hobelten auf dem Hof.

Dort schlang sie die Arme einem rotgesichtigen Mann um den Hals, der gutmütig Befehle brüllte, die niemand sofort ausführte.

»Onkel Meinold, du musst uns helfen. Wübke hat ein kaputtes Fenster bei ihrer Dienstherrin. Wenn das bis heute Abend nicht dichtgemacht ist, wird sie noch mehr Ärger bekommen. Glas findet sich nicht so schnell, aber du hast doch Bretter. Bitte, deine Lieblingsnichte bittet dich ganz lieb.«

Meister Ehmker tätschelte Stine gutmütig die Wange. Mir wurde wieder einmal bewusst, dass ich ganz alleine auf der Welt war. Vielleicht sollte ich meine Herrin fragen, wo meine Großmutter war, und sie um einen halben, freien Tag bitten, damit ich Alke Gerken besuchen könnte. Die kleine Kapsel in meinem Herzen fing an zu zucken. Ich biss die Zähne zusammen und knickste vor Stines Onkel.

»Mädchen, Mädchen. Nun gut. Ich schaue, wen ich entbehren kann und was für Latten ich da habe. Hinrich, Hinrich, leg das Sägeblatt weg und komm her.«

Kurze Zeit später waren wir auf dem Heimweg in Begleitung eines großen jungen Mannes, der hinter uns ging. Stine und ich drehten uns beide öfter verstohlen um, so, als ob wir sehen wollten, ob er noch da wäre. Ich nahm zum ersten Mal bewusst einen Mann wahr. Bei seinem Anblick hatte ich ein Kribbeln im Bauch und ein Ziehen in der Brust. Darum drehte ich mich um. Vielleicht war es bei Stine ähnlich. Natürlich wusste ich, wie das zwischen Mann und Frau war. Nämlich nicht anders als bei Katzen. Nur, die machten es sogar auf der Straße. Ein guter Christ hingegen hatte nicht einmal in seinen eigenen vier Wänden, hinter verschlossenen Türen und verhängten Fenstern seine Freude daran. Der tat es aus Pflicht. Stine hatte mich in vielen Dingen das Leben betreffend aufgeklärt, nur in dieser Sache zwischen den Geschlechtern war sie vage geblieben. Komisch, dass Pflicht ein solch starkes Gefühl erzeugen konnte. Bei meiner Arbeit, die musste ich doch auch tun, hatte ich das noch nie gehabt, dieses Kribbeln.

Hinrich trug ein helles Leinenhemd und braune Beinkleider aus Leder. Die sahen teuer aus, genauso wie die hohen Stulpenstiefel in derselben Farbe. Überhaupt war seine ganze Erscheinung gepflegter, als ich es bei einem Schreinergesellen vermutet hätte. Die langen, blonden Haare trug er zum Zopf gebunden und auf seiner Stirn bildeten sich Schweißperlen. Es war immer noch brütend heiß, ohne den geringsten Luftzug. Die grünlichen Augen strahlten Verdruss aus, die schmalen Lippen waren zu einem Strich zusammengepresst und sein kantiges Kinn zeugte von Willensstärke. An seinem Gürtel hingen verschiedene Werkzeuge sowie ein Sack mit Nägeln. Er trug die auf beiden Schultern liegenden Bretter, als wögen sie nichts.

Stine stieß mich an und zwinkerte mir zu.

»Leider muss ich nachhause. Mutter wird böse sein, dass ich so lange weg war. Ich hoffe, Hinrich kann den Schaden beheben.«

»Stine, ich danke dir für deine Hilfe. Du bist die beste Freundin, die man haben kann.«

Hinrich und ich kamen von der Weserseite an das Haus. Ich erschrak, als ich sah, dass ich in meiner Eile vergessen hatte den Laden ganz zu schließen, und machte mir Sorgen, dass das hoffentlich die Herrin nicht gesehen hatte. Er kletterte geradezu elegant durch die Fenstereinfassung. Dann gab Hinrich mir seine Hand, um mir zu helfen. Ich plumpste in die Küche. Er legte das Holz auf dem Tisch ab und betrachtete anschließend den Rahmen.

Das erste Mal hörte ich ihn sprechen. Ich mochte seine Stimme. Sie war viel netter als sein grimmiges Gesicht.

»Da war also die Schreibe drin«, stellte er fest und fuhr mit kräftigen Fingern, die Narben und frische Schnitte aufwiesen, den Rahmen ab. »Es wird keine Meisterleistung werden«, fuhr er fort, »aber ich bekomme das abgedichtet.« Er maß mit einem Stab die Höhe des Fensters aus. In wenigen Minuten hatte er auf den Brettern die passende Länge mit einem

Stück Kreide gekennzeichnet. Dabei lief ihm der Schweiß den Rücken herunter und sein in Sekunden durchtränktes Hemd klebte ihm am Rücken. Indessen stand ich daneben, blickte an meinem blutbesprenkelten Kleid herunter, verschränkte die Hände hinter dem Rücken und kaute verzagt auf meiner Unterlippe. Er sägte, wobei sich seine Schultermuskeln hoben und senkten. Ich fragte mich, wie alt er wohl wäre – bestimmt fünf Jahre älter als ich – und ob er in der Stadt wohnen würde. In dem Moment tat es mir nicht mehr leid, dass die Scheibe kaputt war. Langsam fasste ich den Mut ihn anzusprechen.

»Möchtet Ihr einen Becher Wasser? Heute Morgen wurde frisches geliefert, darum ist es noch verhältnismäßig kühl.«

Er hatte Nägel zwischen den Zähnen und brummelte etwas, dass wie »Ja, wenn es kein Bier gibt« klang. Ich füllte einen Becher aus Ton mit der klaren Flüssigkeit und stellte ihn vorsichtig neben ihn auf die Tischplatte. Er griff danach, aber da meine Hand noch nicht ganz losgelassen hatte, stießen wir mit den Fingern aneinander. Der Becher fiel zu Boden und zersprang.

Als ob sie geahnt hätte, dass ihre Magd wieder tollpatschig gewesen war, stand Gredje von Essen in der Tür. Sie musterte interessiert Hinrich, schürzte die Lippen und schimpfte mit lauter Stimme: »Was wird das hier? Wübke Gerken, hast du schon wieder Unheil angerichtet? Es war für heute doch wohl genug.«

Hinrich verbeugte sich vor ihr.

»Ich bin Hinrich Lütz. Damit ich ein nützliches Handwerk erlerne, ging ich in die Lehre bei Meister Ehmker. Eben der hat mich hierher zur Reparatur des Fensters geschickt. Ich habe nach einem Becher Wasser gefragt, weil es so heiß ist, und ihn dann fallen lassen. Entschuldigt, Madame…?«

»Von Essen, Gredje von Essen, die Witwe des Weinhändlers Nuralf von Essen. Ich bin keine Madame. Dann beeil dich mit den Brettern,

Hinrich Lütz. Mach das anständig, denn in einer Stunde bin ich wieder da und überprüfe die Arbeit.«

Ihr Gesichtsausdruck hatte sich bei den Worten gemildert. Fast schon kokett drehte sie sich mit einem leichten Hüftschwung um und verließ uns.

Ich wusste eigentlich erst wieder, wie die Nacht nach diesem Tag war. Der weitere Nachmittag blieb undeutlich in meinem Gedächtnis. Hinrich hatte gute Arbeit geleistet und er, was mich überraschte, verlangte direkt Bezahlung, wobei er einen Preis nannte, der mir hoch erschien. Ohne Widerworte zahlte die Witwe von Essen bevor er ging.

Später brachte ich den gewünschten Wein und den Käse, den sie nicht mehr bei Händlern aus Achterdiek, sondern seit neustem an einem Stand von Bauern aus dem Dorf Habenhausen kaufte, in ihr Schlafzimmer. Sie sprach nicht mehr mit mir, sagte aber »Danke. Der Käse ist gut, viel würziger als der andere und schmackhafter«.

Dabei betrachtete sie sich im Spiegel. Die Witwe von Essen hatte sich selbst ausgekleidet und trug ein hauchzartes, weißes Nachtgewand. Die Haare hingen offen über die Schultern. Gegen das Licht der Kerzen konnte ich ihre Körperkonturen sehen, die immer noch fest und straff waren.

Ich rollte mich nach einer oberflächlichen Wäsche auf meinem Strohsack zusammen. Es war so schwül in der Küche, dass ich die Decke von mir stieß und noch einmal das doppelte Fenster öffnen wollte, um etwas frische Luft zu bekommen. In der Dunkelheit musste ich mich zur Wand tasten, bevor ich erst den einen und dann den anderen Griff fand. Doch nur noch mehr dunstige Wärme drang in den Raum. Ich stützte die Ellenbogen auf den Sims und legte mein Kinn zwischen meine verschränkten Finger. Dann stellte ich mir hinter der Mauer die Mastskelette der ankernden Schiffe vor, sah kleine Boote mit Lichtern auf dem Fluss und über allem schwebte Hinrichs Gesicht. Er sagte etwas. Wie ein Windhauch kamen seine Worte zu mir, doch bevor ich sie verstehen konnte, kam ein Sturm auf und Blitze zuckten über den Himmel. Donner krachte fast gleichzeitig mit dem Einsetzen eines sinntflutartig herunterprasselnden Regens. Ich bekreuzigte mich, flehte darum, dass die Welt nicht untergehen möge und schloss Laden und Fenster vor den Naturgewalten. In dieser Nacht fragte ich mich zum ersten Mal, wie ich wohl aussah. Dass meine Zöpfe braun waren, wusste ich, aber mein Gesicht kannte ich nur verschwommen aus Wasserpfützen. Ich beschloss, morgen bei günstiger Gelegenheit in den Spiegel der Herrin zu schauen.

Der Regen verwandelte sich in ein sanftes Plätschern. Der Donner verhallte mit jedem meiner Herzschläge, um weiter über die Weser, ins Land oder zum Meer zu ziehen.

Ich musste wohl eingeschlafen sein, denn mit einem Mal schreckte ich hoch. Das Haus arbeitete wieder. Es tuschelte und kicherte, seine Bohlen knarrten. Ich hatte die Stofflappen, die ich mir sonst in solchen Nächten in die Ohren steckte, nicht bei mir und würde sie im Stockfinsteren auch nicht finden. Da an Schlaf nicht mehr zu denken war, konzentrierte ich mich auf die Geräusche. Ganz allmählich wurden sie zu Stimmen und ich verstand, was sie sagten. Zuerst war es eine Weibliche, dann folgte eine Männliche. Vielleicht sprach ja doch nicht dieses Haus mit dem Nebenhaus. Vielleicht hatte die große Liebe meiner Herrin zu ihrem verstorbenen Gemahl Grenzen überwunden, und er war zurückgekehrt.

»Ich habe nicht gedacht, dass du noch kommst.«

»Geliebte, zu dir komme ich immer. Für dich überwinde ich Mauern, trotze Wind und Regen, und scheue auch nicht die anderen Elemente.«

»Sei nicht albern. Poesie liegt dir nicht. Ich habe dich solange nicht gesehen. Viel zu lange nicht.«

»Ich bedauere, dass ich nicht eher kommen konnte.«

»Hast du Hunger oder Durst?«

»Beides stille ich gleich an dir.«

»Halt den Mund, du törichter Kerl. Komm her. Ich will dich jetzt.«

Die Dielen knirschten, es war, als ob sich in dem Schlafzimmer der Herrin über mir die Möbel bewegten. Dann ging wieder das Ächzen los. Ich griff nach der Decke und zog sie mir über die Ohren. Nun ertönte ein entsetzliches Stöhnen, dann folgte ein unterdrückter Schrei. Ein lang gezogenes »Aaaa«. Er klang nicht nach Angst, sondern nach Befriedigung. Ich war hellwach und lauschte, jetzt ohne Decke. Es waren keine Häuser die miteinander sprachen, es waren zwei Menschen in dem Raum über mir und die weibliche Stimme war eindeutig die der Witwe von Essen. Leise stand ich auf, um zum Herd zu kommen, dessen Feuer schon vor Stunden erloschen war. Von Beke hatte ich gelernt, dass der Abzug nach oben zum Dach direkt am Schlafzimmer vorbeilief. Soweit wie möglich streckte ich meinen Kopf in den Kamin. Die Geräusche wurden deutlicher. Schnaufen und schweres Atmen.

Er sagte: »Nur ich bin der Mann, den du willst. Könnte ich doch jede Nacht bei dir sein und dich nehmen.« Sie erwiderte: »Mein Bär. Mein lieber, lieber Bär. Diesen Traum können wir nicht träumen. Uns bleiben nur die Heimlichkeit und ein paar gestohlene Stunden. Die will ich jetzt genießen.«

Dann wurde es still. Danach kam ein Triumphschrei, gefolgt von noch einem. Da ich Nuralf von Essen nicht kennengelernt hatte, wusste ich nicht wie er sprach, aber, wenn es sein Geist war, dann hatte er sich eindeutig in feste Materie verwandelt. Ich hörte kräftige Schritte über mir, die nicht von meiner Herrin stammen konnten. Es musste sich um einen wirklichen Mann aus Fleisch und Blut handeln.

Scharrende Geräusche erklangen. Er fragte: »Willst du auch Wein? Der Käse ist gut.« Sie antwortete: »Bring mir ein Glas mit.«

Die Stimmen flüsterten, anschließend wurde es ruhig.

Ich wusste jetzt, was es mit den Nächten seit Jahren auf sich hatte. Meine Herrin empfing einen Geliebten, und ich argloses Ding hatte die ganzen Jahre nichts bemerkt. Der Mann kam immer erst bei Dunkelheit heimlich zu ihr, was ich jetzt romantisch fand. Mein Herz sang unmelodiöse Melodien und ich freute mich für sie. Sie war nie grausam zu mir gewesen, aber streng, unnahbar und wenig gütig. Ich sah plötzlich in ihr eine Frau, die einen Mann begehrte, so wie meine Mutter, die einen Grönlandfahrer geheiratet hatte.

Den Rest der Nacht verbrachte ich damit zu lauschen, aber über mir war Ruhe eingekehrt und ich bekam nur einen steifen Hals von dem Verdrehen in den Abzugsschacht. Ich hatte mich in Hinrich Lütz verliebt, ein Wort, das süß wie Zucker im Mund schmolz, und die Witwe von Essen war es auch. In irgendjemanden, den ich nicht kannte. Es war also anders, die Sache zwischen den Geschlechtern: Schön! Einmal, der Regen, die Blitze und der Donner hatten sich schon lange verzogen, klappte ihr Fenster. In dieser Nacht wurde ich zur Frau.

Als ich am Morgen aufstand, war Blut zwischen meinen Beinen und in den Strohsack gesickert. Meine Herrin kam langsam tänzelnd die Treppe herunter. Sie trug einen Hausmantel über dem Nachthemd, als ich in der Halle die Truhe abstaubte, wobei ich mich vor Müdigkeit und Bauchschmerzen krümmte.

»Wübke, was ist mit dir? Du bist weiß, wie eine frisch getünchte Wand.«

»Herrin, ich bitte um Entschuldigung. Gestern habe ich alles zerschlagen und heute fühle ich mich so. Das Blut ist da.«

»Welches Blut?«

»Das, was aus mir kommt. Stine hat mir erzählt …«

»Wer ist Stine?«

»Stine Ehmker. Sie wohnt ein paar Häuser weiter und ist meine Freundin.« Ich schlug mir vor Schreck mit der Hand auf den Mund. Das hätte ich nicht sagen dürfen.

»Du bist befreundet mit der Tochter von der Emkerschen?«

»Nein, ich …, ich habe sie ein paar Mal getroffen. Sie war außerordentlich freundlich zu mir. Ich kenne sie, das ist alles. Aber was soll ich mit dem Blut machen?«

Der Ausdruck in Gredje von Essens Gesicht wechselte. Aus anfänglich Fragendem war erst Empörung geworden, hatte in Unglauben umgeschlagen, und danach weiteten sich ihre Augen. Sie strich sich die zerzausten Haare zurück und warf sie über die Schulter.

»Gut, Wübke, du bist nun endgültig kein Kind mehr, sondern bist zur Frau geworden. Ich habe schon länger damit gerechnet, dass es kommt. In den nächsten dreißig Jahren, solltest du sie erleben, wirst du einmal im Monat bluten. Das hat Gott den Frauen gegeben. Oder der Teufel. Merke dir die Zeit, damit du Lappen bereithalten kannst, um es aufzufangen. Erzähle mir nicht, dass du noch nie bemerkt hättest, dass auch in meiner Wäsche diese Stoffstreifen sind. Befestige sie mit einem breiten Leinenband, welches du zwischen deinen Beinen hindurch führst, dann um die Taille wickelst und verknotest. Es dauert vier oder fünf Tage, danach hört es auf. Manchmal wirst du Bauchschmerzen haben, doch die vergehen. Ich habe einen Tee von Alke Gerken …«

»Meine Großmutter. Ich möchte sie sehen. Herrin, Ihr wisst, wo sie ist.« Aller Schmerz, der letzte Tag und die letzte Nacht bedeuteten nichts mehr, als ich den Namen hörte.

»Sie will dich nicht sehen. Aber ich gebe dir von dem Tee. Den brühst du auf und trinkst ihn. Wübke, das ist nicht schlimm. Du wirst dich wie alle Frauen daran gewöhnen.«

»Warum will sie mich nicht sehen? Nur einmal, bitte, bringt mich zu ihr.«

Gredje von Essen baute sich vor mir auf, so viel größer als ich, und sagte entschieden »Nein.«

1564 bis 1565
Anschuldigungen

Die folgenden Wochen und Monate waren schön, auch wenn ich Hinrich nicht wiedersah. Er hatte in mir etwas geweckt, sodass ich jetzt viel bewusster mein Umfeld wahrnahm: das Auf- und Untergehen der Sonne; den Mond, der von einer Sichel zu einer runden Scheibe wurde und dann wieder abnahm; den goldenen Herbst mit Spinnennetzen, in denen Tautropfen funkelten; den eisigen Winter mit segelnden Schneeflocken; den hoffnungsvollen Frühling mit sprießendem Grün; und den warmen, opulenten Sommer. Ich sog die Gerüche der Weser in mich auf. Abgestandenes Wasser duftete plötzlich nach Veilchen und angeschwemmter Unrat nach Hyazinthen. Die Nachbarn waren laut und fröhlich oder still und stumm. Die Straße war lebendiger, als ich es jemals wahrgenommen hatte. Die Schlachte und der Markt quollen über vor Leben. Ich erkundete die Stadt, ging durch jedes Tor und jede Pforte, einmal sogar über die Weser. Dabei suchte ich meine Großmutter unter den Menschen, doch ich fand sie nie. Ich gestand mir manchmal ein, dass ich auch Ausschau nach Hinrich hielt, wobei ich mich nicht traute, in die Nähe der Werkstatt von Stines Onkel zu gehen.

Die Witwe von Essen wurde nach der Nacht milder mit mir und schenkte mir mehr Aufmerksamkeit. Akribischer als sonst überwachte sie meine Schreibübungen und ließ sich mehr vorlesen. Außerdem brachte sie mir die Grundsätze des Rechnens bei. Sie lehrte mich Gewichte, Längenmaße und Münzen zu bewerten. Früher war mir nie aufgefallen, dass fast jede Woche Kuriere mit versiegelten Botschaften kamen. Ich bewirtete sie gewissenhaft nach Erscheinung, Alter und Auftreten. Mal reichte ich Wasser, dann ein Glas Milch oder verdünnten Wein. Meine Herrin studierte die Papiere, notierte etwas dazu, oder setzte ein neues Schreiben auf. Nachdem sie das Schriftstück gründlich ein zweites Mal gelesen hatte, faltete sie das Pergament, hielt eine brennende Kerze schräg darüber und drückte dann akkurat ihr Siegel in das warme Wachs. Sie trug es als Ring, in den ihre drei Anfangsbuchstaben auf der ansonsten schnörkellosen Platte eingraviert waren. Meine Kleidung inspizierte die Witwe von Essen jetzt auch öfter. Die Schneiderin wurde angewiesen, mir ein gutes Gewand im Stil der Bremer Tracht zu nähen. Es war zwar wieder ein abgelegtes Kleid von ihr, doch ich kam mir geradezu herausgeputzt vor und trug es mit Stolz. Auch wenn die Tiphoike nur bis zu meiner Taille ging und das Horn auf meiner Stirn kurz war, ich hätte eine Bürgerstochter sein können, kein Dienstmädchen, wenn ich in die Kirche ging.

Inzwischen hatte ich mich ausführlich in ihrem Spiegel studiert und war zu dem Ergebnis gekommen, dass ich hübsch wäre. Nicht schön wie meine Herrin, aber ganz ansehnlich. Wenn ich meine Vorzüge hätte aufzählen müssen, dann würde ich gesagt haben, dass die Wangenknochen meinem ovalen Gesicht Kontur verliehen, meine Augenfarbe braun und meine Nase etwas zu groß geraten war, aber das Kinn hätte ich als schön geschwungen bezeichnet. Insgesamt war mein Gesicht ziemlich makellos, denn ich hatte wenig Pickel, zum Leidwesen von Stine, die sehr damit zu kämpfen hatte. Ich war größer als meine Freundin, mit breiteren Schultern. Die Arbeit hatte meine Hände rau und rissig gemacht, doch mit den langen Fingern wirkten sie nicht derbe. Meine weiblichen Rundungen waren noch sehr unausgeprägt, weshalb ich Stine beneidete, die bereits stolz ihren Busen präsentierte.

Gredje von Essen bekam wieder häufiger Besuch von Lammert Harmßen. Er schien seinen Zorn vergessen zu haben. Im Mai sprach er vor, weil er Rat in häuslichen Dingen suchte.

»Witwe von Essen, ich brauche Eure Hilfe. Meiner Dienerschaft fehlt eine strenge, weiblich geschickte Hand. Könnt Ihr für mich das Pack auf Vordermann bringen?«

»Wenn Ihr wünscht, Lammert Harmßen, dann spreche ich mit ihnen.«

Meine Herrin äußerte mir gegenüber Verwunderung, warum er nicht die alte Fögesche fragen würde, denn deren Tochter wäre doch wohl die Auserwählte, die bald den Haushalt übernehmen sollte. Ich stand neben ihr, als sie eine knappe, aber deutliche Rede vor den zwei Mägden und dem Knecht hielt, die demütig, mit gesenkten Köpfen dastanden.

»Euer Dienstherr hat mir gesagt, dass es in diesem Haus an Aufmerksamkeit und Sauberkeit mangelt. Das Essgeschirr ist schmutzig, und was auf den Tisch kommt schmeckt nicht. Ihr müsst sorgfältig das Wasser abkochen und keine ranzige Butter verwenden. Sonst kann das den Herrn krank machen. So geht es nicht weiter. Er hat mir außerdem gesagt, dass hier spät am Abend Unruhe herrscht, weil ihr die Dachkammern verlasst, um in der Küche mit Würfeln zu spielen. Bedenkt, dass es genügend Frauen und Männer gibt, die eure Arbeit gewissenhafter ausführen würden. Weiterer Schlendrian bringt euch um eure Anstellung.«

Immer wieder schickte sie mich zu Meister Gerdt Grawen, den ich im letztjährigen September hatte beauftragen müssen, Ersatz für die von mir zerschlagene Scheibe zu beschaffen. Jedes Mal fand er Ausreden. Im Juni, zehn Monate später, ging Gredje von Essen dann persönlich zu ihm. Ich begleitete sie und beneidete sie um ihr Selbstbewusstsein. Nachdrücklich wies sie den Mann darauf hin, dass er seit fast einem Jahr versprach, den Schaden zu beheben.

»Es kann Konsequenzen haben, wenn Ihr eine arme Witwe so behandelt«, sagte sie. »Ich werde mir einen anderen Glasmacher suchen und Euren Ruf schädigen.« Sie verschwieg den Laden und log, dass es durch das Fenster ziehen würde. »Ich bin davon schon krank geworden«, sagte sie. »Ihr würdet das auch nicht unbeschadet überstehen, Eure Gesundheit würde ebenso leiden, wenn Ihr ein kaputtes Fenster hättet!«

Meister Grawen wich, sich bekreuzigend einen Schritt zurück. Er versprach, schnellstmöglich tätig zu werden – wenn es ihm besser ginge. »In der letzten halben Stunde hat sich mein Gesundheitszustand stark verschlechtert«, röchelte er hustend. Dabei schniefte er, zog durch die Nase hoch und spuckte den Rotz durch den Mund.

Gredje von Essen schrieb häufiger als sonst in das schwarze Buch. Außerdem war sie öfter den ganzen Tag nicht anwesend, aber ich wagte nicht zu fragen, wohin sie ging. Nach wie vor kam alle paar Wochen nächtlicher Besuch. Ich hatte aufgegeben zu lauschen, da ich ja nun wusste, was über mir geschah. Auch wie der Mann ins Haus kam, hatte ich herausgefunden. An der Hauswand waren kleine Rundungen aus Eisen angebracht, die er wie eine Leiter direkt zum Fenster ihres Schlafzimmers benutzen konnte. Er kam nie bei Vollmond und war leise beim Klettern. Wenn ich die Worte hörte: »Heute Abend brauche ich Wein und Käse«, legte ich mir die Stofffetzen bereit. Und ich schenkte mir immer vor dem Heraufbringen aus der Karaffe einen kleinen Schluck in einen Becher für mich ein. Rheinwein war mir am liebsten.

Es ging auf den August 1565 zu. Am Nachmittag vor dem ersten Tag des Monats kündigte Gredje von Essen an, dass sie erst spät in der Nacht wieder nachhause käme. Sie wäre mit einigen maßgeblichen und wichtigen Matronen der Stadt verabredet. Ich nickte und blickte ihr nach, als sie den Geeren stadteinwärts entlangging. Wenig später verließ Maria Föge das Haus, um in dieselbe Richtung zu trippeln. Sie meinte wohl, solch eine Gangweise wäre vornehm, dachte ich. Dabei sah es lächerlich aus, wie sie plump versuchte grazil zu wirken. Gerade als ich die Tür schloss, kam Lammert Harmßen vorbei. Er spuckte wieder auf unsere Eintrittsstufe. Ich hörte es mehr, als das ich sah, wie der Speichel auf den Stein klatschte. Dazu zischte er bösartig: »Du Toversche, du wirst schon sehen, was du davon hast, dass du mich, den achtbaren Lammert Harmßen abgewiesen hast.« Ich war beunruhigt, denn vor nicht langer Zeit hatte er sie unterwürfig um Hilfe gebeten. Ganz offensichtlich warb er außerdem um Berthe Föge. Was er immer noch von meiner Herrin wollte, war mir ein Rätsel.

Wann sie an dem Abend zurückkam, wusste ich nicht. Als sie die Haustür geschlossen hatte, ging sie anscheinend nicht sofort die Treppe hoch, da die Stufen erst sehr viel später knarrten. Am nächsten Morgen gab sie mir ihren Umhang zum Ausbürsten. Der Saum war voller getrockneter Erde und Lehm, genau so wie die Schuhe, die ich putzen sollte. Ich fragte, ob sie einen schönen Abend gehabt hatte. Ihre Augen blitzen fröhlich, als sie Ja sagte. »Ich war mit Metje, Christine und Anna vor den Toren der Stadt. Gestern war der Lammasabend, der Auftakt für die Getreideernte. Wir haben gefeiert. Ist mir jemand gefolgt, als ich ging?«

»Nein, Herrin. Nur Frau Föge verließ nach Euch das Haus.«

»So, so. Die Fögesche. Hast du gesehen, wohin sie gegangen ist?«

»Sie ging wie Ihr zur Natel. Wohin genau dann, weiß ich nicht. Und Lammert Harmßen kam noch vorbei. Er hat wieder etwas gemurmelt. So, wie er Euch schon früher einmal bezeichnet hat. Toversche, hat er gesagt und ausgespuckt.«

»Vermaledeiter Schlachter. Nun gut, wir leben in einer freien Stadt und er kann tun und lassen, was er will, aber wenn das jetzt wieder losgeht, dass er mich als Hexe beschimpft, dann werde ich dagegen vorgehen. Wenn es sein muss, bis vor den Rat. Wie lächerlich. Jeder weiß, wie gottesfürchtig ich bin. Gestern waren alle wichtigen Frauen der Stadt bei mir, als wir zugesehen haben, wie aus Kräutern Salben und Pulver gegen Leiden zubereitet werden. Nicht nach irgendeinem Arzneibuch, wie dem des Valerius Cordus, sondern nach alten, überlieferten Rezepten, die kein Mann kennen kann. In allen Haushalten der Stadt finden sich solche Heilmittel. Und wir haben auch Beschwörungsformeln gegen Warzen gelernt. Das alles gehört zum Glauben an die Magia Naturalis, den Gott uns nicht verwehrt. Wir haben Spaß gehabt, denn der kleine Funke von Geheimnis machte den Abend leicht verrucht. Es war einmal etwas anderes, als diese endlosen Treffen bei einem Glas Wein, bei denen es nur um Belanglosigkeiten wie Kinderkrankheiten geht.«

Ein paar Tage später hatte sie wieder nächtlichen Besuch. Ich hörte sie schluchzen. Das war eine Gefühlsaufwallung, die ich gar nicht von ihr kannte. Ohne Schamgefühl lauschte ich nach vielen Monaten wieder im Abzug.

»Gredje, was ist denn?«

»Ich glaube, dass etwas Schreckliches passieren wird.«

»Hör auf, sei nicht spökenkiekerisch. Ich werde dieses Mal nicht lange weg sein. In wenigen Tagen bin ich aus Verden zurück. Dann bleibe ich noch drei Wochen in Bremen, bevor ich mit einem neuen Schiff nach Bergen aufbreche.«

»Ach, könnte ich doch mitkommen.«

»Du weißt, dass das nicht geht. Irgendwann nehme ich dich mit.«

»Ja, es geht nicht, das weiß ich. Aber ein Gefühl sagt mir, dass es dann zu spät ist. Eigentlich ist schon jetzt alles zu spät.«

»Werde nicht sentimental. Ich liebe dich, nur dich, aber wir sind uns doch einig, dass jeder sein Leben leben muss. Noch bin ich nicht zu alt, um zu reisen, und bis die Zeit kommt, sesshaft zu werden, musst du mir meine Freiheit geben. Unsere Jahre werden kommen, ich verspreche es dir. Hör auf zu weinen. Sei tapfer, so, wie du es immer warst. Meine Gredje.«

»Ihr Männer macht es euch leicht. Aber du hast Recht. Nutzen wir heute die Stunden, denn wer weiß, was kommt. Gottes Wege sind unergründlich.«

13. bis 16. August 1565
Die ersten zwei Tage

Am Morgen des 13. August 1565, klopfte es an der Tür. Meine Herrin trug einen Morgenmantel über dem Nachtgewand und ihre Haare waren locker geflochten. Sie machte trotzdem selbst auf. Es standen drei Männer vor ihr. Der Lederharnisch mit dem Stadtwappen wies sie eindeutig als Bremer Büttel aus. Der größte und kräftigste von ihnen, seine Hand zuckte bedrohlich am Knauf des in der Scheide hängenden Schwerts, fragte: »Bist du die Witwe Gredje von Essen?«

»Ja. Wer will das wissen?«

»Die Diener des Landvogts Frantz, der dem Erzbischof untersteht. Du bist vom Rat der Stadt, der die Gerichtsbarkeit ausübt, angeklagt der Hexerei in höchstem Maße. Darum folgst du uns jetzt zur Festsetzung ins Gefängnis.«

Meine Herrin war sprachlos. Traugei kam und wollte sich neben sie setzen. Dabei fauchte er die Männer an. Der Büttel trat das Tier mit dem Fuß brutal zur Seite. Der Kater flog auf die Straße und knallte auf den Boden. Er schrie erbärmlich auf, hob das linke Vorderbein hoch, an dem die Pfote gebrochen haltlos hin- und herbaumelte, um sich dann auf drei Beinen humpelnd davonzuschleppen. Aus den Häusern kamen die Nachbarn. Neugierig, mit zustimmenden Worten verfolgten sie, was passierte.

Grob riss der Büttel Gredje von Essen am Arm und schleuderte sie in die Hände eines der anderen Männer. Meine Herrin wehrte sich heftig. Sie rief: »Wie könnt Ihr es wagen! Das entbehrt jeder Grundlage. Ich bin eine ehrbare, angesehene freie Bürgerin dieser Stadt. Niemand kann etwas gegen mich vorbringen. Lasst mich auf der Stelle los.«

»Wir haben den Auftrag Euch zu verhaften, was wir auch tun. Du da«, der Büttel wies mit dem Finger auf mich, »du kommst ebenfalls mit. Die Helferin soll auch dingfest gemacht werden.«

Ich wurde gepackt, aus dem Haus gezogen und auf mich wartete der dritte Büttel. Die Gaffer klatschten Beifall. Ich hörte, wie sie sagten: »Recht so. Endlich ergreift man diese Toversche und ihre Dienerin. Was hat sie nicht alles verzaubert, die Essmannsche. Wieso ist sie so reich? Das muss vom Teufel kommen, der sie gut für seine Dienste bezahlt. Diese hochnäsige Hexe, die meint, sie wäre etwas Besseres.«

Gredje von Essen rief die ganze Zeit, sie sei unschuldig. Der Zopf löste sich, und die Haare hingen ihr wirr ins Gesicht. Ich war sprachlos vor Entsetzen, als wir unter Gejohle, bespuckt, und mit Straßenunrat von den Umstehenden beworfen, abgeführt wurden. Einige der Leute folgten uns. Lammert Harmßen und Maria Föge blieben mit einem hämischen Lächeln im Gesicht zurück.

Am Fangturm vorbei wurden wir quer durch die Stadt getrieben. Als sie uns nach dem Dom weiter zum Ostertorzwinger brachten, wandelte sich Gredje von Essens Gesichtsausdruck in blankes Entsetzen. Sie hörte auf zu schreien und ihr ganzer Widerstand erlahmte. Man führte uns in den Turm. Es ging eine Treppe hinunter in einen feuchten Keller. Eine der Türen, die in eine Arrestzelle führte, war geöffnet, und uns schlug ekelhafter Modergeruch entgegen. In dem Dämmerlicht konnte ich schimmeliges Stroh und einen Holzeimer mit einem schmierigen Wasserspiegel erkennen. Mit den Worten: »Morgen kommt ihr vor den Rat«, schlug der Büttel hinter uns die Tür zu. Meine Herrin ließ sich mit dem Rücken an der Tür zu Boden sinken. Ich konnte ihr Gesicht nicht sehen, hörte aber ihre schweren Atemstöße. Sie tastete um sich. Als sie meinen Rock erwischte, zog sie mich zu sich hinunter. Sie nahm mich in den Arm und flüsterte: »Alles wird gut, Wübke. Du brauchst keine Angst zu haben. Morgen klärt sich alles auf. Du wirst sehen. Ich kenne die meisten der Ratsherren und Bürgermeister. Das ist lächerlich. Ihre Frauen werden ihnen schon sagen, dass ich unschuldig bin. Ebenso gut könnten sie sonst alle der Hexerei beschuldigt werden.«

Gredje von Essen schlang beide Arme um mich. Sie drückte tröstend meinen Kopf an ihre Brust. Ich atmete den vertrauten Hauch von Rosen ein, der ihrer Kleidung entströmte. Weich, wie ich sie noch nie erlebt hatte, streichelte sie mir über den Kopf, wobei sie ein Lied sang. Leise hörte ich »Tandaradei«.

Die Stunden vergingen, ohne dass etwas geschah. Inzwischen musste es Nacht sein. Ich konnte nicht schlafen und meine Herrin auch nicht. Sie merkte wohl an meiner Unruhe, dass ich meine Notdurft verrichten musste.

»Wübke, wenn du musst, dann musst du. Nur, ich möchte nicht gern im Nassen liegen. Bewege dich an der Wand entlang in eine Ecke und erleichtere dich dort. Du riechst doch, dass das hier schon andere vor uns getan haben.«

Ein Glucksen wie ein Lachen folgte den Worten und ich gehorchte. Es war mir furchtbar peinlich, doch wenig später tat sie dasselbe. Wir waren nicht mehr Herrin und Magd, sondern zwei Frauen, die beide in einer entsetzlichen, unfassbaren Falle gefangen waren. Sie fragte, wie es wohl Traugei ging. Ich fing an zu weinen, denn ich sah wieder, wie sich das Tier weggeschleppt hatte. Er konnte in dem Zustand nicht lange überleben.

Es musste Morgen sein, als die Tür aufging und zwei Kanten hartes Brot vor unsere Füße geworfen wurden. Ich erkannte an dem massigen Schatten an der Wand, dass es der Büttel von gestern war. Er teilte uns mit, dass wir in einer Stunde zum Verhör geholt werden sollten. Der edle Ratsherr Raetje Gröning würde uns als Kämmerer befragen. »Macht euch nur recht hübsch für ihn«, höhnte er. Da sich meine Augen an den dunklen Raum gewöhnt hatten, konnte ich sehen, dass meine Herrin ihre Augenbrauen angestrengt zusammenzog.

»Wübke, wenn sie uns gleich beide mitnehmen und wir in demselben Raum verhört werden, sage nichts. Lass mich reden. Ich werde alles ins Lächerliche ziehen, sodass sie wissen müssen, dass das nicht stimmt, was sie mir vorwerfen, und dir auch. Halt den Mund, tu einfach so, als wärst du dumm. Wenn sie dich alleine verhören, sag immer nur, dass du nichts weißt. Du kannst ja auch nichts wissen, da es nichts zu wissen gibt.«

Sie kniete sich hin und fing an, den Psalm 146 zu beten. Ich murmelte die Worte mit: »... Der Herr löset die Gefangenen. Der Herr macht die Blinden sehend. Der Herr richtet auf, die niedergeschlagen sind. Der Herr liebet die Gerechten. Der Herr behütet Fremdlinge und Waisen und erhält die Witwen, und kehret zurück den Weg der Gottlosen. Der Herr ist König ewiglich, dein Gott, Zion, für und für. Halleluja.«

Dann kamen sie. Man band uns die Hände wieder mit einem Strick vor dem Bauch zusammen und wir wurden, jede von einem Büttel geführt, noch eine Treppe tiefer in den Zwinger gezwungen. Die Luft, die nur aus Angst zu bestehen schien, fühlte sich so dick an, dass man sie schneiden konnte, wenn das ginge. Fackeln an den grob vermauerten Wänden erhellten das Gemäuer. Wir standen vor einer übergroßen Tür. Ein Büttel klopfte an mit den Worten: »Meister Max, öffnet. Die Malefikanten sind da.«

Es wurde immer unwirklicher und ich hatte das Gefühl, dass ich träumte. Aber es war alles real und geschah. Als wir in den Raum kamen, schrie ich vor Angst. Meine Herrin atmete schwer, sagte aber nichts. Wir traten in einen Saal mit einer sehr hohen Decke, der durch unzählige Kerzen und die lodernden Flammen in einem Kamin fast taghell beleuchtet war. Seltsame Geräte standen herum. Außer uns und den Büttel waren drei Männer da. Der am vornehmsten Gekleidete ergriff das Wort.

»Ich, der Ratsherr Raetje Gröning, erhebe gegen dich, Gredje, Witwe des Nuralf von Essen, Anklage wegen Zauberei und Hexerei. Das gilt auch für deine Magd, Wübke Gerken, und eine andere Zauberin, Alke Gerken, verwandt als Großmutter mit eben dieser Magd. Sie wird auch gleich hier vorgeführt. Uns liegen von mehreren Personen Zeugenaussagen vor, dass du, Gredje von Essen, ihnen mit Hilfe deiner Teufelsdienerinnen auf das

Übelste Schaden zugefügt hast. Die Liste deiner zauberischen Verfehlungen ist lang. Sie wurde gestern sehr gründlich von mir geprüft. Wir sind ein ehrbares Gericht und gehen hier streng nach den Regeln der Carolina vor, der *Peinlichen Halsgerichtsordnung*, erlassen durch Kaiser Karl V., am 27. Juli des Jahres 1532. Folgende Punkte werden dir zur Last gelegt: die Anzauberung einer schweren Krankheit bei dem Glasermeister Gerdt Grawen, Lammert Harmßen hast du mit einem Liebesfluch belegt und bei Maria Föge hast du die Butter verzaubert. Am Schwersten wiegt aber, dass du deinem Mann ein tödliches Leiden angehext hast, damit du ungestört in der Nacht den leibhaftigen Teufel, deinen Buhlen, zum Beischlaf empfangen kannst. Zeugen haben gesehen, wie seine schwarze Gestalt an deinem Haus aufstieg und durch dein Fenster nach innen verschwand. Bekennst du dich schuldig, Gredje von Essen? Deine Aussagen wird mein Akurat, mein hier anwesender Protokollant, festhalten und Meister Max, der Henker, wird dir helfen die Wahrheit zu sagen. Dabei unterstützen ihn die Büttel.«

»Wer erhebt Anklage gegen mich?«

»Zum Schutz der Personen werden keine Namen genannt.«

»Was wollt Ihr hören? Sollte die Krankheit meines Mannes ein Hexenwerk gewesen sein, dann bin ich die Falsche, die Ihr fragt. Lasst ihm die Ehre, dass es tödlich war, was er sich eingefangen hat. Meister Grawen hat mir armen Witwe seit einem Jahr versprochen, ein Fenster zu reparieren und es nicht getan. Es zieht durch die Spalten, weshalb ich schon zwei böse Erkältungen bekommen habe. Er ist einfach irgendwie krank geworden. Warum sollte ich lügen? Soll ich eine Geschichte erfinden, ich hätte ihm etwas an den Leib gewünscht, es dann bereut und mein Zauberbuch nicht gefunden, um es rückgängig zu machen? Lammert Harmßen lässt mir keine Ruhe und bedrängt mich ständig. Er wollte mich heiraten, doch ich habe ihn abgewiesen, wodurch er sich in seiner Ehre gekränkt fühlt. Deshalb verbreitet er Gerüchte über mich. Nun will er Berthe Föge zur

Frau, doch mich lässt er trotzdem nicht in Frieden. Ich habe einmal deren Mutter, der Fögeschen, beim Buttermachen geholfen. Ihre war sauer, meine nicht. Ich bin genauso wenig eine Hexe wie Gesine Ehmker und ihre Tochter Stine, die in unserer Straße in der Nachbarschaft wohnen, oder die hier anwesende Wübke Gerken und die beschuldigte Alke Gerken. Ihr könntet auch gleich die ehrenwerten Bürgermeistergattinnen Metje Hoyer und Christine Vasmer mit vor dieses Tribunal zerren, so lächerlich ist das.«

Der Kämmerer Gröning machte eine Handbewegung. Augenblicklich steckte einer der Büttel meiner Herrin ein zerknülltes Tuch als Knebel in den Mund.

»Gredje von Essen, du weigerst dich also zuzugeben, dass du eine Hexe und Zauberin bist? Ich warne dich, gestehe deine Verfehlungen. Die Ehmkersche samt Tochter haben wir bereits festgesetzt.«

Der Büttel zog den Knebel aus ihrem Mund und sie musste erst einmal husten.

»Ich habe nichts getan, gar nichts.«

»Du lügst. Warst du nicht erst vor wenigen Tagen bei Alke Gerken zum Hexensabatt? Wolltest du nicht unschuldige Frauen verführen, sich ebenfalls dem Teufel zu ergeben, um mit deinem Buhlen zu tanzen? Und hast du nicht eine Katze, die nie stirbt?«

»Aber Rat Gröning, was soll das? Ich war nicht nur mit der Vasmerschen und der Hoyerschen am Abend vor dem 1. August bei Alke Gerken. Es waren auch noch andere achtbare Frauen außer den schon genannten dabei. Wir haben ihr zugeschaut, wie sie aus Kräutern einen Tee gegen Blasenschwäche braute und einen, der die Galle der Männer entfettet, wenn diese wieder zu viel gegessen und getrunken haben. Außerdem hat sie uns die Zubereitung einer Salbe gegen schorfige Haut gezeigt. Es war ein harmloses Vergnügen, an dem Abend zu ihr zu gehen. Und meine Katzen sterben sehr wohl. Sie haben nur immer denselben Namen. Traugei. Das kommt von Traubengeist. Mein verstorbener Mann sagte immer, ein besonders guter Tropfen hätte einen Geist in sich. Darum der Name für die Tiere. Sie alle waren gut und treu, und sind eines natürlichen Todes gestorben. Bis auf …«

In dem Moment hämmerte es gegen die Tür und Meister Max öffnete. Mit einem Stoß wurde eine kleine, gebeugte Gestalt in den Raum geschleudert. Sie stürzte vor meine Füße. Es dauerte, bis ich meine Großmutter erkannte. Bevor mich der Büttel hindern konnte, sank ich auf die Knie und wollte sie umarmen, was aber wegen meiner gefesselten Hände nicht ging. Die ersten Worte, seitdem ich in diesem Raum war, kamen über meine Lippen.

»Großmutter, ich bin es, Wübke. Schau mich an.« Mühsam hob die alte Frau das linke Augenlid, um mit verschwommenem Blick vor sich hinzustarren. Der Büttel riss mich hoch. Mit Entsetzen sah ich, dass man meiner Großmutter ein Schulterblatt gebrochen hatte und der Knochen sich durch die Haut bohrte. Grotesk wölbte er sich vor wie ein Geschwür. Ihr Gesicht war übersät mit roten Flecken, die ins bläuliche übergingen. Alke Gerkens Leinenkittel war zerrissen. Auf einer der schlaff herunterhängenden Brüste erkannte ich Schnitte, die mit Blutschorf bedeckt waren. Wie gern hatte ich immer meine Großmutter wiedersehen wollen, aber nicht so! Entgegen der Ermahnung der Witwe von Essen musste ich einfach sprechen, und wandte mich an den Ratsherrn Gröning: »Herr, was tut Ihr denn? Meine Großmutter ist keine Hexe, meine Herrin auch nicht, und ich habe noch nie etwas Unrechtes getan. Bitte, lasst uns frei. Gott ist der, an den wir glauben.«

Er richtete seine Antwort an einen Büttel: »Stopft auch dieser Hexe das Maul.« Ich wurde hochgerissen, dann hatte ich ebenfalls einen Knebel im Mund und erstickte fast, da ich nicht schnell genug meinen Rhythmus finden konnte, um durch die Nase zu atmen.

»So kommen wir nicht weiter. Meister Max, wenn diese Zauberin nicht geständig ist, dann wollen wir ihr helfen, ihr Gewissen zu erleichtern.

Greifen wir zum Mittel der Tortur in der Form, wie es im Gesetz vorgeschrieben ist. Gredje von Essen, du hast eine letzte Möglichkeit, zu gestehen, dass du eine Hexe bist und Böses tust.«

Obwohl man den Knebel entfernte, stand sie stumm da und schüttelte den Kopf.

Der Henker war nicht groß, aber seine gedrungene Gestalt strahlte Brutalität aus. Als er die Kapuze seines bodenlangen roten Umhangs zurückschob, um ihn dann abzulegen, konnte ich ein von Pockennarben zerfressenes Gesicht mit stumpfen Augen erkennen. Darunter war seine Kleidung nicht weniger farbenfroh, was alles noch unwirklicher machte. Das Gelb, Blau und Grün waren geradezu ein Hohn in dieser Umgebung. Er nahm meine Herrin an die Hand und führte sie zu den seltsamen Geräten in dem Raum. Ein Kobold, der spielend eine Elfe neckt, dachte ich. Jetzt wurde mir bewusst, was ich bis dahin verdrängt hatte: Wir, die Witwe von Essen, Alke Gerken und ich, waren in einer Folterkammer, in der die Männer nur darauf warteten uns zu quälen. Stumm und nutzlos schrie ich in den Stoff in meinem Mund. Ich zitterte und schlotterte. Trotz der Wärme durch die Feuer in diesem Raum, lief mir kalter Angstschweiß am ganzen Körper herunter. Ich ekelte mich vor meiner Schwäche.

Der Henker fing an zu erklären: »Hier haben wir für die erste peinliche Frage den Daumenstock. Hier für die Zweite den Spanischen Stiefel und dann für die Dritte das Streckbett mit dem gespickten Hasen. Wir werden dir erst die Fingerschrauben anlegen, dann den Stiefel anziehen und wenn du immer noch nicht geständig bist, wirst du hochgezogen. Als weitere peinliche Fragen kannst du noch Gewichte an die Füße bekommen, und wir übergießen dich mit siedend heißem Pech oder Öl. Damit du dann in Ruhe deine Sünden überdenken kannst, kommst du anschließend auf den Hexenstuhl.«

Ich sackte zusammen. Der Büttel ließ mich fallen und ich stürzte neben meine leblos daliegende Großmutter. Gredje von Essen starrte, ihre

Unschuld beteuernd, auf die Marterwerkzeuge. Der Ratsherr zuckte die Schultern. »Beginn dein Werk!«, wies er den Henker an.

Meister Max packte sie und zerrte sie in Richtung der als Streckbett titulierten Holzkonstruktion. Sie sah wirklich wie ein Bett aus, wäre da nicht diese seltsame Rolle mit den Stacheln gewesen. Er packte das Nachtgewand meiner Herrin am Ausschnitt und trennte die Vorderseite mit einem Messer auf. Gredje von Essen stand halb entblößt vor den Männern. Nur die Ärmel hielten noch den Morgenmantel und das Hemd auf dem Rücken. Sie versuchte, ihre Scham mit den Händen zu bedecken. Der Henker drehte sie mit dem Rücken in Richtung der seltsamen Schlafstatt. Er öffnete die Fesseln, riss den restlichen Stoff weg, und dann wurde Gredje von Essen nackt mit Seilen um den Oberkörper und die Oberschenkel auf das Gestell gebunden. Sie schrie auf, als ihr Rücken auf die gespickte Rolle prallte. Obwohl es sinnlos war, riss sie an den Fesseln und befahl, man möge sie sofort losbinden. Die Büttel lachten. Der Schreiber schwieg, genauso wie Meister Max. Der Kämmerer sah sie mit einem Blick an, der weniger Abscheu zeigte als vielmehr pure Lust. Er streifte seinen rechten Stulpenhandschuh ab und schlug ihn in die linke Handfläche. Das machte er dreimal. Dann trat er an sie heran und tastete fast zärtlich, sehr langsam, mit den nun bloßen Fingerspitzen ihren Körper ab. Beginnend mit dem Kinn zirkelte er den Hals abwärts, umkreiste die Brüste, drückte in den Bauchnabel und fuhr schließlich zwischen ihre Beine. Ratsherr Raetje Gröning erklärte, nachdem seine Hand dort lange verweilt hatte und meine Herrin sich windend, seinen Fingern nicht entkommen konnte, dass keine auffälligen Hexenmale zu sehen waren, da diese inwendig liegen würden, denn er hatte sie ertastet.

Jetzt kam Meister Max zu mir, riss mich hoch und band mich an einen Holzpfeiler. Er merkte nicht, dass ich nicht mehr geknebelt war, da ich mir den dreckigen Stofffetzen aus dem Mund gezogen hatte. Mein kompletter Körper wurde umwickelt, sodass ich mich nicht bewegen konnte. Nicht einmal den Kopf konnte ich mehr drehen. Ich war bewegungsunfähig, dazu verdammt, alles mit anzusehen. Immerhin habe ich noch mein Kleid an, dachte ich, doch ich wusste im selben Moment, dass das keinen Unterschied machte.

Genau wie man es ihr beschrieben hatte, fingen sie an, Gredje von Essen gnadenlos zu foltern. Ich sah alles wie grausige, aneinander gereihte Bilder. Der Daumenstock zerquetschte den Finger, und damit es noch mehr weh tat, hämmerten die Büttel auf die Schrauben. Das machten sie mit beiden Händen. Der Spanische Stiefel brach erst den linken Schienbeinknochen, wobei die Haut der Wade aufplatzte und Blut herausschoß, und dann den rechten. Sie nahmen die Fesseln ab, zerrten sie hoch, banden die Hände auf den Rücken und brachten das Bett in eine Schräglage. Ein Seil wurde zwischen die gebundenen Hände gelegt, das über ein Rad unter der Decke lief. Die Büttel zogen mit einer solchen Kraft daran, dass die Arme verdreht nach oben gerissen und die Schultergelenke mit einem Klack ausgerenkt wurden. Sehnen rissen mit dem langgezogenen Ton einer Leier und ihr Rücken schabte über die Stachelrolle. Eine Ewigkeit blieb dieser Körper, der einmal makellos war, so hängen. Während der ganzen Prozedur fragte der Kämmerer immer wieder, ob sie ihre Hexerei zugeben und vom Teufel abschwören wollte. Das gepeinigte Wesen schrie ununterbrochen, doch die einzigen klaren Worte, die man verstehen konnte, waren Ja und Nein. Was sie sagen wollte, war ein Gestammel ohne Sinn. Ich schrie auch. Aus allen meinen Körperöffnungen traten feste und flüssige Stoffe, und ich war voller Kot, Urin und Erbrochenem. Die Büttel befestigten die Seile, bevor die Männer den Raum verließen. Ihr Körper pendelte sich aus. Dann kamen sie wieder, lösten die Stränge und sie rollte über die Walze ab. Erneut zogen sie Gredje von Essen hoch. Jetzt hing Meister Max Gewichte an die Füße. Zwischenzeitlich wurde sie ohnmächtig. Sie schütteten meiner Herrin Wasser ins Gesicht. Nach einer weiteren Ewigkeit ließ man sie wieder herunter, um sie zu dem einzigen, noch nicht genutzten Gerät zu schleifen. Sie wurde auf eine schräge Bank gesetzt, die unten spitze Holzzacken hatte. Seile pressten das Gesäß und die Schamlippen auf die Spitzen, die Beine lagen höher, und der Oberkörper wurde durch die Fesselung in eine aufrechte Haltung gebracht.

Der Kämmerer verabschiedete sich mit den Worten: »Denk die Nacht über deine Verbrechen an den ehrbaren Bürgern dieser Stadt nach. Du Hexe, bereue! Morgen sehen wir weiter.«

In unserer Folterkammer war es nahezu totenstill. Nur das Zischen der Fackeln und das Knistern des ersterbenden Kaminfeuers war noch zu hören, und zwei verschiedene Atemzüge. Meine Großmutter war nicht mehr bei uns. Da ich den Kopf nicht bewegen konnte, sah ich ihre Leiche nicht.

Mir prickelten die festgeschnürten Gliedmaßen. Die einst so stolze Gredje von Essen war jetzt ein zerfetztes, zerstörtes Bündel Fleisch. Ich fragte vorsichtig: »Herrin, seid Ihr noch am Leben? Witwe von Essen, nun sagt doch etwas.«

Mit Stöhnen und unterdrückten Schmerzlauten antwortete sie mir. Die Stimme war nicht mehr ihre, aber sie hatte die Sprache wieder gefunden.

»Wübke, mein Geist lebt noch, aber mein Körper ist tot. Mein Gott, was sind das für Menschen, die sich benehmen wie seelenlose Tiere. Wobei letztere nur töten um zu fressen, ihre Beute fangen und schnell erlösen. Selbst Traugei ist ein Kater, der nicht mit der Maus spielt. Aber diese Bestien spielen mit uns.«

Dann weinte sie. Ihr abgehacktes Schluchzen vereinte sich mit meinem. Wir wussten beide, dass wir verloren waren und sehnten den Tod herbei, den wir eigentlich fürchteten. Er wäre eine Erlösung. Auch wenn mein Körper noch nicht misshandelt worden war, hatte ich dieselben Schmerzen wie sie.

Es wurde dunkler, denn das große Feuer war fast aus und eine Fackel nach der anderen erlosch.

Gredje von Essen fragte mich, was mit ihrer Amme sei, wie es Alke Gerken ging. Ich antwortete, dass sie tot war.

»Gott sei Dank, eine von uns hat es geschafft, dieses Höllenloch zu verlassen. Hätte ich dir doch deinen Wunsch erfüllt, sie noch einmal wiederzusehen. Es tut mir leid, Wübke, du armes Kind.«

Diese Worte – du armes Kind – ließen bei mir Dämme brechen. In diesem Moment liebte ich sie. Ich vergaß alle Ohrfeigen und ihre Strenge. Wir waren uns nahe, denn wir hatten nur noch uns. Als meine Herrin wieder vor Schmerzen ächzte, fragte ich sie, ob ich ihr eine Geschichte erzählen sollte. Sie sagte: »Ja, bitte.«

Ich fing an, dass Märchen des Lebens der Gredje von Essen zu erzählen. Dabei malte ich das Bild einer freien Jugend, einer wunderhübschen Frau und einer bedingungslosen Liebe, die tragisch endete. Diese Liebe war aber so groß, dass sie über den Tod hinausging, und ihr Mann in Gestalt eines anderen immer wieder zu ihr kam.

Ihre Augen schlossen und öffneten sich. Das strahlende Blau leuchtete zwischen Tränen, Schleim und Haarsträhnen hervor. Ich wollte fortfahren, doch ein krächzendes und schrilles Lachen hinderte mich.

Gredje von Essen wand sich vor Schmerzen und versuchte etwas zu sagen. Dreimal setzte sie an, aber immer wieder versagte ihre Stimme. Dabei röchelte sie, jammerte, wimmerte und schwankte. Die Stricke hielten sie in dieser unwürdigen Stellung.

»Willst du die wahre Geschichte hören? Die Wahrheit und nichts als die Wahrheit über mich, die Witwe Gredje von Essen, geborene Using? Danach weißt du, dass ich, nur ich, daran schuld bin, dass wir hier zugrunde gehen werden. Du bist das Opfer meines Lebens, denn nichts bleibt ungesühnt.«

Ich wollte sie unterbrechen, doch sie schüttelte den Kopf.

Eine andere Wahrheit

»Ich war das Kind, das du beschrieben hast. Aber dann, als ich sechzehn Jahre alt war, wie du heute, nahm die Geschichte einen ganz anderen Verlauf. Es war Ostern, als ich mit meinen Eltern in die Liebfrauenkirche ging. Da sah ich ihn, den ersten Mann, den ich geliebt habe. Er war mehr als zwanzig Jahre älter als ich, doch ein einziger Blick reichte, und ich war gefangen. Er war so groß, so stolz, strahlte Macht und zugleich Güte aus. Nach Ende des Gottesdienstes blieb ich einfach auf dem Gestühl sitzen, um ihn anzuschauen. Neben ihm standen zwei Männer. Einer war etwas jünger als er und der andere, dunkelhaarig, mit kurzen, unordentlich gekämmten Haaren in meinem Alter. Die Frau an seiner anderen Seite war weder hübsch noch anziehend. Eine Matrone, die sicher die Jahre hinter sich hatte, um noch gebärfähig zu sein. Sie trug die größte Halskrause, die ich je gesehen hatte. Seine und meine Augen verhakten sich. Danach habe ich nur noch zweimal ein solches Braun mit goldenen Fünkchen darin gesehen. Meine Eltern kamen zurück, um mich zu holen, als der faszinierende Mann mit seiner Begleitung in unsere Richtung kam, um die Kirche zu verlassen. Mein Vater verneigte sich tief. Er grüßte Dietrich Vasmer, einen der Bremer Bürgermeister, und seine Gattin. Dietrich antwortete, doch ich verstand nicht, was sie sprachen. Ich sah nur seine Augen. Den ganzen Weg nachhause und die folgenden Tage, sah ich immer nur seine Augen. Meine Eltern traktierten mich mit potenziellen Ehemännern, doch ich träumte nur von einem.

Niemandem konnte ich davon erzählen, außer meiner alten Amme, Alke Gerken, die meine Mutter weggeschickt hatte, als ich sechs Jahre alt war. Mehr als zwei Stunden dauerte es, zu ihr zu kommen. Das war mir aber egal, denn ich verzehrte mich den ganzen Weg vor Sehnsucht nach Dietrich, den ich einmal gesehen hatte, und von dem ich nur wusste, dass er ein Bürgermeister war. Ich ging über die Brücke, rannte durch das Tor, lief über die Domsheide und dann über den Marktplatz, um durch die Sögestraße zum Herdentor zu kommen. Von der Bürgerweide kommend, trieben Bauern ihr Vieh stadteinwärts, zwischen dem ich mich hindurchschlängelte. Endlich hatte ich die Bremer Mauern hinter mir gelassen und näherte mich der Niederung, wo meine alte Amme wohnte. Alke war zuhause. Sie freute sich, mich zu sehen. Ich folgte ihr in die kleine Hütte. Nachdem sie mir einen Becher mit Wasser hingestellt und ich mich gesetzt hatte, sortierte sie Pflanzen auf dem Tisch. Sie summte dabei vor sich hin. Der Geruch von säuerlichem Salbei und zwiebelartigem Schnittlauch drang mir in die Nase. Ich zwirbelte meine Schürzenbänder. Alke hantierte eine ganze Weile herum, während ich immer nervöser wurde.

›Gredje«, sagte sie endlich, ›lass deine Schürze in Ruhe. Sag mir, was du sagen willst.‹«

Meine Herrin hielt inne. Ich sah mich selbst wieder in der Kate, hörte meine Großmutter singen, und die Kapsel in meinem Herzen ging auf. Auf keinen Fall durfte ich jetzt daran denken, dass sie, wenige Schritte entfernt tot auf dem Boden lag. Denk an etwas Schönes, befahl ich mir mit von Tränen verschleierter Sicht. Dass ich immer noch weinen konnte nach diesem Tag der Qualen, zeigte mir, dass noch Leben und Willen in mir war. Im Gegensatz zu der Witwe von Essen hatte ich bisher nur wenig erdulden müssen. Ich musste nur zuschauen. Ich war mit mir beschäftigt, mit meinem eigenen Elend, und merkte gar nicht, dass sie weiter sprach.

»›… habe den Mann meines Lebens getroffen. Dietrich ist alles, was ich mir ersehnt habe. Er ist stattlich und klug und hat die schönsten Augen der Welt‹, vertraute ich ihr an. ›Den will ich‹, sagte ich, ›und keinen anderen. Mein Vater soll mir weg bleiben mit diesem weichen Enulf Gröning. Ein Milchgesicht ist der.‹ Alke schaute mich entsetzt an. Sie sagte mir, dass sie Unheil kommen sah. Ich müsste aufhören mit dem Unsinn. Aber mein Redefluss war ungebremst. Sie erfuhr alles von mir. Dass er ein Bürgermeister war, verheiratet, und mir das vollkommen egal wäre. Ich sehe noch, wie sie erbleichte, als ich erklärte, er wäre die Liebe meines Lebens. Alke bat mich händeringend im Namen Gottes, dass ich vernünftig sein sollte. Ich war verärgert, denn von ihr hatte ich mir Beistand gewünscht und insgeheim gehofft, sie würde mir einen Liebesduft geben, damit er meine Liebe riechen konnte. Bei meinem letzten Besuch, als eine verhüllte Bauersfrau geklopft und eben darum bat, hatte Alke ihr eigenartige Fasern in die Hand gedrückt. Die müssten lange in Bier liegen, hatte sie der Frau erklärt, und dann sollte sie sich mit der Flüssigkeit den Hals betupfen. Meine alte Amme schüttelte den Kopf und flehte mich an, den Mann zu vergessen. Es sei Blödsinn gewesen, was sie der Frau gesagt hätte. Es gäbe keinen Liebesduft oder Liebeszauber. Wenn die ungebildete Bäuerin daran glauben wollte, sei es ihr einerlei, denn dafür hatte sie Mehl bekommen. Ich rannte zornig ohne ein Lebewohl davon. Inzwischen war es stürmisch geworden und leichter Regen hatte eingesetzt.

Bereits nass bis auf das Unterkleid war ich endlich wieder in der Stadt, nahe der Rolandstatue und bekam Angst, dass das Tor zur Neustadt schon geschlossen wäre. Das schlechte Wetter zusammen mit der einsetzenden Dunkelheit machten die Straßen gespenstisch. Wenige Menschen waren noch auf dem Marktplatz. Betrunkene Männer grölten, andere gingen noch nüchtern die Stufen in den Ratskeller hinunter und Huren boten ihre Dienste an. Der Nachtwächter rief die achte Stunde aus. Ich krallte meine Hände in meinen Umhang und zog den Stoff ganz eng um meinen Körper, als mich plötzlich jemand ansprach: ›Jungfer Using, so spät noch unterwegs. Darf ich Euch begleiten und Schutz anbieten?‹

Er war es, der aus dem Nichts auftauchte und ein Pferd am Zaumzeug hielt. Ich konnte nur ›Ja‹ sagen. Er ergriff meinen Arm, um mich zur Brücke zu führen. Dass er meinen Namen kannte, war selbstverständlich, und dass er wusste, wo das Haus meines Vaters lag, auch. Ich schwebte wie auf einer Wolke, als er mich auf sein Pferd hob, hinter mir aufstieg, seine starken Arme um mich legte und mich nachhause brachte.«

Gredje von Essen seufzte und stöhnte und fuhr fort: »Meine Eltern waren begeistert, denn durch mich hatten sie Zugang zu einem der mächtigsten Bürger der Stadt. Mein Vater hoffte auf Aufträge und sandte als Dank für meine gesunde Heimkehr eine Rolle seines teuersten Tuchs an Dietrichs Frau. Sie hieß wie ich, aber mit einem ›t‹ geschrieben. Dreimal bin ich ihm noch begegnet, und dann hatte ich ihn gänzlich erobert, ihn willenlos gemacht, dachte ich. Meine Liebe zu ihm war grenzenlos. Nur seine Stimme zu hören, bescherte mir den Himmel auf Erden. Wir hatten uns an Pfingsten nach dem Kirchgang wiedergesehen, und dann an der Schlachte, als ich meinen Bruder begleitete, der gerade aus seiner damaligen Heimat Köln zu Besuch war. Dietrich fragte mich, ob ich lesen und schreiben könnte. Als ich bejahte, steckte er mir heimlich einen Zettel zu. Zitternd vor Freunde schob ich das Pergament in meine Tasche. Als ich es später las, jubelte mein Herz. Er nannte den nächsten Mittwoch, an dem er mich hinter dem Ostertor bei den Überresten des Paulsklosters treffen wollte. Nichts zählte mehr für mich. Kein gestern, kein heute, kein morgen, kein Gott, keine Sittlichkeit und keine Moral. Wübke, es tut mir leid, dass du wohl nie die Gelegenheit haben wirst, das zu erleben. Aber glaub mir, es hängt kein Segen daran, wenn man Unrecht tut und sündigt.

Um es kurz zu machen, ich habe ihn getroffen und er hat dafür gesorgt, dass ich nicht länger Jungfrau blieb. Jedes weitere Treffen mit ihm war ein Rausch der Gefühle. Ich blühte auf, wenn er meine Jugend, meine Schönheit sein Lebenselixier nannte. Ich ging wieder zu meiner alten Amme und weihte sie ein. Sie war furchtbar erzürnt, doch mein Flehen und Betteln sowie einige Gulden überzeugten sie, dass ich die Hütte für Treffen mit Dietrich nutzen durfte. Niemand wohnte in der Umgegend, so blieben wir unentdeckt, denn Alkes Kundschaft kam nie tagsüber. Ich ging durch das Herdentor, und er ritt durch das Doventor. Sie gab mir einen Kräutertee, den ich jeden Tag trinken sollte, denn auch wenn Dietrich Schafsdärme über sein Glied streifte, sagte sie mir, dass ich ein Kind empfangen könnte. Das wäre mein Ende, prophezeite Alke. Ich machte mir darüber keine Gedanken.

In der Zeit, in der ich ihn nicht sah, wurde ich immer frecher gegenüber meinen Eltern. Sie stellten mir fast schon verzweifelt Heiratskandidaten vor. Meine Mutter ging mit mir zu jeder Einladung von Rats- und Kaufmannsfrauen, doch ich lachte insgeheim und war schnippisch zu jedem. Nur nicht zu Mieke Lürsen, der einzigen Freundin, die ich noch hatte. Sie stand kurz davor zu heiraten, mit ihrem Mann nach London zu gehen und schwärmte von einer wunderschönen Zukunft. Ich hörte ihr zu, verriet aber nichts von meiner Gegenwart und Leidenschaft. Irgendwann kam nur noch Enulf Gröning in unser Haus. Seine Versuche, mich mit Gedichten zu gewinnen, lösten bei mir nur spöttische Heiterkeit aus. Er trug mir eines Tages Walther von der Vogelweide vor – tandaradei, lieblich sang die Nachtigall –, doch ich hörte nicht zu, denn später würde Dietrich mit seiner Familie kommen, um Tuch zu kaufen. Enulf sah mich verzweifelt an. Inbrünstig bat er mich: ›Jungfer Using, könnt Ihr nicht sehen, ich liebe Euch. Ich bin vielleicht nicht der stärkste Mann und ich werde vielleicht niemals Ratsherr, aber an meiner Seite verspreche ich Euch das schönste Leben. Ich werde Euch auf Händen tragen und wiegen wie das Wasser der Weser.‹ Mein überhebliches Lachen als Antwort musste alle seine Träume zerstört, ja, wie ein tödlicher Pfeil sein Herz durchbohrt haben. Nachdem er gegangen war, sah ich ihn nie wieder. Am Nachmittag empfing mein Vater die Sippe Vasmer. Er führte sie in seine Lagerhalle, wo sich Stoffballen türmten, die vor wenigen Tagen aus Italien eingetroffen waren. Der junge Mann war dabei, den ich vor einem Jahr neben Dietrich in der Liebfrauenkirche gesehen hatte. Er stellte sich als der jüngste Bruder des Bürgermeisters vor: ›Cord Jan – aber nennt mich Jan‹, der sich, nicht wie seine älteren Brüder, für Politik interessierte, sondern hoffte, demnächst in Handelsgeschäften nach England zu reisen. Er würde im Stalhof nahe der großen Themsebrücke wohnen, und war neugierig auf dieses geschlossene

Areal, das mitten in London Hanse-Territorium war. ›Dann trefft ihr vielleicht meine Freundin Mieke‹, antwortete ich ihm. ›Sie wird demnächst mit ihrem Mann, Justus Vermoeulen, ebenfalls in die mächtigste Handelsstadt der Welt ziehen.‹ Jan war für mich eine Welpenausgabe seines Bruders, noch meilenweit davon entfernt, wie dieser zu sein. Was sie aber gemeinsam hatten, das waren die Augen. Er hatte vielleicht sogar noch mehr goldene Fünkchen, und ich wünschte ihm Glück. Das tat ich von Herzen und vergaß es sofort, als Dietrich neben uns trat. Er lobte das Tuch und die Wollstoffe meines Vaters. Seine Gattin unterhielt sich mit meiner Mutter über die Weichheit des Gewebes. Am Abend erwähnte mein Vater beiläufig, dass der junge Vasmer es ihm angetan hätte. Dessen weiteren Lebensweg würde er sehr genau verfolgen. Er sprach zu laut zu meiner Mutter, als dass ich überhören konnte, wie er sagte, dass dieser doch ein geeigneter Heiratskandidat für mich wäre. Ich lächelte, und sehnte mich in die Arme von Dietrich. Am nächsten Morgen erreichte uns die Nachricht, dass einer der hoffnungsvollsten Söhne der Familie Gröning tot treibend in der Weser gefunden worden wäre. Ich gab mir keine Schuld, sondern träumte weiter von braunen Augen mit goldenen Fünkchen. Manchmal hatte das Gesicht dazu weniger Falten, wirkte weniger streng und war mehr ein Dietrich in meinem Alter.

Die Zeit, als kaiserliche Truppen vor Bremen standen, war aufregend. Mein Vater schickte Mutter und mich zu Miekes Familie, da er einen Überfall auf die Neustadt befürchtete. Ich war nicht am Krieg interessiert – was war schon der Schmalkalische Bund – und genoss das Leben in der Stadt. Dietrich war mir näher, und ich konnte ihn zumindest öfter sehen, weil ich mich ständig auf dem Marktplatz herumtrieb. Fast war ich enttäuscht, als die Belagerer wieder abzogen.

Mein Leben änderte sich schlagartig, als innerhalb einer Woche meine Eltern an einer Influenza starben. Die Juristen meines Vaters schrieben Briefe an meinen Bruder. Wenig später kehrte er mit seiner Frau sowie den fünf Kindern vom Rhein zurück an die Weser. Ich weinte viel um meine Mutter und meinen Vater. Dietrich hatte keine Zeit, mich mit Worten zu trösten, wohl aber mit seinem Körper. Ich hatte das Gefühl, dass er mich als Mensch mit meinem Kummer wenig wahrnahm. Er wollte die Frau, die jung und willig, ohne Ansprüche, auf ihn wartete.

Dann kam der Tag, als Alke mich kritisch ansah. Sie fragte, wann ich zuletzt meine Tage gehabt hätte. Da wurde mir klar, dass meine Beziehung zu Dietrich Vasmer, einem der Bürgermeister der Stadt Bremen, in ein neues Stadium getreten war. Ich musste etwa im dritten Monat von ihm schwanger gewesen sein, und bald würde jeder meinen Umstand sehen. Da ich noch wusste, wie meine Mutter eine der Mägde aus dem Haus gejagt hatte, als dieses unverheiratete Mädchen in dieselben Schwierigkeiten geraten war, bekam ich Angst. Ich flehte Alke an, etwas zu tun. Sie sollte mir einen Trunk geben, um das Kind wegzumachen, aber sie weigerte sich. Das könnte auch meinen Tod bedeuten, sagte sie. Es gab nur eine Person, die mir jetzt helfen konnte, und das war der Vater des ungeborenen Lebens in mir. Den nächsten Tag lief ich unruhig vor dem Rathaus herum, in der Hoffnung, dass der Rat tagte. Endlich trat Dietrich in Begleitung dreier Männer aus der Tür. Er blickte mich irritiert an, als ich vor ihm knickste. Es fiel mir nichts Besseres ein als zu sagen: ›Ich habe eine Botschaft meines Bruders für Euch. Eine neue Lieferung Wein ist angekommen, und Ihr sollt der Erste sein, der sich von der Qualität überzeugen kann.‹ Dietrich verabschiedete sich mit einer leichten Verbeugung, gefolgt von den knappen Worten bei seinen Begleitern, dass die Jungfer Using ihn zu einer Trunkprobe abholen käme. Er dirigierte mich in Richtung des Ostertors. Nach der Brücke gingen wir über den Wallgraben, und nach einer Weile waren wir, abgesehen von einigen Fuhrwerken allein auf der Straße. Die verfallenen Überreste des einstigen Gebäudes des Paulsklosters – der Ort, an dem ich mich ihm das erste Mal hingegeben hatte – lagen hinter uns. Vor uns erstreckten sich Felder mit Gemüseanbau und

Obstbaumplantagen. Dietrich manövrierte mich zwischen Baumstämme. Er fragte mit starr geradeaus gerichtetem Blick: ›Was willst du? Wie kannst du es wagen, mich einfach vor anderen Ratsherren anzusprechen.‹ Kein Fünkchen erhellte seine Augen, die jetzt fast schwarz wirkten. Ich war auf einmal keine neunzehn Jahre alt, sondern ein verängstigtes Kind. Die Wahrheit platze aus mir heraus. Dietrich sagte erst einmal gar nichts. Mit Schmeicheln, mit Drohungen und mit Weinen, versuchte ich ihn zu erreichen. Vergebens. Selbst mein Argument, dass er sich doch freuen müsste, nun endlich ein Kind zu bekommen, änderte nichts an seinem Schweigen. Dietrich Vasmer war ein Mann wohldurchdachter Entschlüsse, ein raffinierter Politiker und erfahrener Staatsmann. Um das Schicksal eines jungen Mädchens zu bestimmen, das ihm lästig wurde, brauchte er nur wenig Zeit. Er blickte zurück auf die Befestigung der Stadt, über der ein Domturm höher hervorragte und als der andere.

›Es gibt einen Weg!‹, sagte er, ›du musst heiraten. Wir suchen dir jetzt umgehend einen passenden Ehemann. Euer Aufgebot wird sofort bestellt, und wir werden uns nie wiedersehen. Ein Wort deinerseits zu irgendjemandem wird dazu führen, dass deinem Bruder aus dem Grund der Weinpanscherei die Bürgerrechte aberkannt werden, und er samt seiner Familie der Stadt verwiesen wird. Das ist mein Wort in dieser Angelegenheit. Wage nicht, dich zu widersetzen. Kein Mensch wird dir glauben. Gredje Using, du wirst Schimpf und Schande ertragen müssen, wenn du mir nicht gehorchst.‹

Ich war aufgewacht aus meinem Traum von der großen Liebe und wusste, dass ich nichts mehr sagen konnte, was ihn umstimmen würde. Ich hatte den Menschen jetzt kennengelernt, der durch Geschick und diktatorische Strenge die Stadt mitregierte. Der Mann, der 1541, als ich zwölf Jahre alt war, vom Kaiser in Regensburg die Stadtprivilegien ertrotzt hatte, und der, mit den ersten Diplomen zurückkommend, auf dem Marktplatz vom Volk bejubelt worden war. Hätte ich doch auf Alke gehört. Alles, was ich noch sagen konnte war, dass ich ihn auch nie wiedersehen wollte. Ich wünschte ihm die widerwärtigsten Krankheiten und einen langsamen Tod. Mein Fluchen nahm er nicht ernst, sondern verharrte in stoischer Ruhe.

Wie ich wieder ins Martiniviertel zurückgekommen bin, weiß ich nicht. Eigentlich war mein Leben beendet. Ich könnte gleich ins Wasser gehen, so wie Enulf Gröning, dachte ich, und bat ihn, wenn auch viel zu spät, um Verzeihung für meine Kaltherzigkeit. Den Rest des Tages und die Nacht verbrachte ich grübelnd im Bett, was ich tun sollte. Am nächsten Morgen stand ich auf und wusste, was ich wollte: leben wollte ich und es Dietrich Vasmer zeigen; ich würde den schönsten, klügsten Jungen zur Welt bringen; und bei jeder Gelegenheit, die sich bot, würde ich ihm seinen Sohn zeigen. Die Drohung, dass wir uns nie wieder begegneten, die konnte er nicht wahrmachen. Wie sollte er plötzlich erklären, mich nicht mehr zu kennen, wo er doch über meinen Bruder Wein bezog.

An diesem Morgen war mir das erste Mal so übel, wie ich es aus Erzählungen anderer Frauen kannte. Besonders bei meiner Schwägerin war die Schwangerschaft eine einzige Phase des Erbrechens, wie sie immer betonte, und dadurch versuchte, ihrem Ehemann ein schlechtes Gewissen zu machen. Schon lange hatten die zwei sich von einander entfernt, nur seine Triebhaftigkeit führte ihn noch in ihr Bett. Nachdem ich mich das dritte Mal übergeben hatte, ging es mir besser. Ich überredete meinen Bruder, mich mit in das Kontorhaus zu nehmen, denn ich wäre neugierig auf den neuen Wein, der tatsächlich angekommen war. Dort traf ich Nuralf von Essen, seinen Partner, den ich von ein oder zwei Banketten kannte. Er sollte mein Retter werden. Trotz meiner Verliebtheit in Dietrich nahm ich immer wahr, wenn Männer mich bewundernd anblickten. Der alte Nuralf war jedes Mal verlegen geworden, wenn ich herausfordernd seinem Blick Stand gehalten hatte. Ich mochte ihn nicht besonders. Dafür gab es keinen Grund, aber ich hatte auch nichts gegen ihn. Er interessierte mich nicht, dieser Mann, der einen Kopf kleiner war als ich. Es zählte nur, dass er ein bescheidenes Vermögen hatte, unverheiratet und kinderlos war, und mir keine Wahl blieb. Wübke, es war kein Fest, auf dem ich ihn traf, geschweige denn, mich unsterblich in ihn verliebte. Es war der sorgfältig geplante Besuch im Kontorhaus, meine Skrupellosigkeit ihm zu schmeicheln und ihn innerhalb einer Woche so zu betören, dass er mich heiraten wollte. Nuralf himmelte mich an, was die Sache einfach machte. Ähnlich wie damals Enulf. Da alles schnell gehen musste, konnte ich meinen Bruder überzeugen, keine große Hochzeit zu feiern, sondern die Trauung im kleinen Kreis vorzunehmen. Der Pastor könnte uns dann im Rahmen eines Gottesdienstes segnen, sagte ich zu ihm.

Am Abend, bevor ich Gredje von Essen werden sollte, überkam mich das schlechte Gewissen. Ich wäre heimlich geflohen, wenn ich gewusst hätte wohin. Alke konnte mich nicht aufnehmen, sonst hatte ich keine Verwandten, an die ich mich wenden konnte und keine Freunde. Mieke war vor mehreren Wochen an Bord eines Schiffs die Weser heruntergesegelt. Wir hatten uns versprochen zu schreiben, aber bis ein Brief sie erreichen würde, wenn überhaupt, vergingen Monate. Ich schaffte es, Nuralf am Morgen vor der Zeremonie ohne das Beisein anderer zu sprechen. Ganz direkt sagte ich ihm die Wahrheit, warum ich ihn heiraten müsste, aber ich könnte nicht mit der Lüge ihn zu lieben, in diese Ehe gehen. Der alte Mann grinste zu meinem Erstaunen zynisch. Jetzt zeigte sich, dass seine Gründe genauso wenig ehrenhaft waren wie meine, als er mir antwortete: ›Ich habe vermutet, dass Ihr in anderen Umständen seid. Da ich keine Nachkommen zeugen kann, brauche ich einen männlichen Erben. Der wirkliche Vater ist mir vollkommen egal und ich will den Namen nicht wissen. Die einzige Bedingung, die ich an Euch stelle, ist, dass es ein Sohn werden muss. Nur darum heirate ich. Eine Tochter werde ich nicht akzeptieren.‹

So wurde ich seine Frau. Ich erkannte schnell, warum er keine eigenen Kinder hatte und wohl auch nie bekommen würde. Ich habe nie mit ihm geschlafen, denn er liebte Männer mehr als Frauen. Zweimal die Woche kam ein Schreiber aus dem Kontor, der ihm auf den Speicherboden folgte. Ein einziges Mal schlich ich ihnen hinterher. Ich war angewidert von dem, was ich sah.

Aus mir wurde die geachtete Weinhändlersgattin von Essen. Mein Mann und ich, wir arrangierten uns. Manchmal war unser Zusammensein sogar harmonisch, denn er war gebildet und ich wissbegierig. Er erklärte mir die Politik der Hanse, welche Möglichkeiten die Entdeckung des Seewegs nach Amerika bot, und wie die katholische Kirche auf verlorenem Posten gegen den Protestantismus kämpfte. Es war eine ruhige Zeit, die ich als gleichmäßig in Erinnerung habe, während das Kind in mir wuchs. Da wir alle Welt glauben machen mussten, es wäre ein Kleiner von Essen, waren wir übereingekommen, dass es eine Frühgeburt sein würde. Alke sollte mir zur Seite stehen. Ich wusste, dass sie schon mehrfach als Hebamme geholfen hatte. Da die Dienstboten nicht in unserem Haus schliefen, war das einfach. Sie wohnte schon drei Wochen bei uns, als meine Wehen einsetzten. Damals dachte ich sterben zu müssen, doch seit heute weiß ich, dass eine Geburt ein heiterer Spaziergang an einem sonnigen Frühsommertag ist, an dem Lerchen tirilierend in die Luft steigen. Ich bekam ein Mädchen. Als ich Nuralf die Kleine zeigte, wandte er sich enttäuscht ab und erklärte, er würde alles für die Beerdigung einer Totgeburt vorbereiten. Er wollte keine Tochter. Da ich Dietrich Vasmer ebenfalls nur mit einem Sohn beeindrucken konnte, wollte ich das Kind auch nicht. Ich gab das Neugeborene in die Hände von Alke, und bat sie, es großzuziehen.

Du bist dieses Geschöpf, Wübke. Ich habe dich am 18. Januar 1549 zur Welt gebracht, aber ich bin nicht deine Mutter. Am nächsten Tag hörte ich, dass Dietrich Vasmer gestorben war. Er musste an etwas gelitten haben, das langwierig war. Metje Hoyer besuchte mich, um mich über den Verlust des Kindes zu trösten. Sie war voll von der Neuigkeit über das Siechtum des Bürgermeisters, das niemand richtig mitbekommen hatte. ›Mein Fluch hat dich anscheinend getroffen‹, dachte ich, ›du, der mein Leben zerstörtest.‹ Ich versuchte mir sein Gesicht vorzustellen, doch das Einzige, an das ich mich erinnern konnte, waren seine Augen.

Mein Mann fing sich von seinem Liebhaber oder von anderen, mit denen er es trieb, eine schreckliche Krankheit ein. Er verfaulte von innen nach außen. Sein Tod war langsam und qualvoll. Dann war ich Witwe. Mein Bruder erwirkte, dass der Weinhandel auf ihn überging, denn eine Frau könne das nicht, erklärte er mir. Aber ich habe es ihnen im Geheimen gezeigt.«

Erschöpft hörte sie auf zu reden und blickte mich an. Ich blickte sie an. Und fühlte nichts. Ich blieb Wübke Gerken, deren Mutter bei der Geburt starb, und deren Vater von einer Seefahrt nach Grönland nicht zurückkam. Ich blieb die Enkelin der Alke Gerken.

»Wübke, ich bin aus mehreren Gründen hier. Du nur zufällig. Die Fögesche ist meine Kinderfreundin Mari. Ich habe sie erst nicht erkannt, und sie nennt sich ja nun auch Maria. Ich wollte sie als Freundin zurückgewinnen, doch ich musste erkennen, dass sie wirklich eine intrigante, hinterhältige Person ist. Sie hat mir nie vergeben, dass sie wegen mir immer so schreckliche Prügel bezogen hatte, weil ich sie zwang, ihre Aufgaben zu vernachlässigen. Seitdem ich wusste, wer sie war, habe ich sie nie wieder besucht. Außerdem tobt sie vor Wut, weil Lammert Harmßen nur unwillig seine Aufwartung bei ihrer Tochter Berthe machte. Sie will unbedingt diese Heirat, aber er will immer noch mich. Das, was ich einmal war.«

Stockend atmete sie, jammerte vor Schmerzen. Die Stimme war leiser geworden, sodass ich Mühe hatte, sie zu verstehen. Ihr Kopf sackte immer wieder nach vorne, und sie sprach in ihre Haare.

»Lammert Harmßen verzeiht mir nicht, dass ich ihn immer wieder abgewiesen habe. Er will an mein Vermögen, denn er denkt, dass ich Geld habe. Dieser Dummkopf. Maria Föge und er haben mich denunziert. Sie müssen behauptet haben, Hexen aus der Umgebung hätten erzählt, dass ich eine von ihnen wäre. Mein Todesurteil ist der Ratsherr Raetje Gröning. Er hat unversehens die Möglichkeit seinen Cousin zu rächen, der sich in der Weser ertränkte, weil ich ihn nicht heiraten wollte. Das sind die Gründe, warum ich hier bin, hier bleibe und diesen Raum nicht lebendig verlassen werde. Ich habe geglaubt, dass Metje Hoyer, dieser ängstliche Floh, und wie sie alle heißen, die ehrwürdigen Damen dieser Stadt, meine Freundinnen wären. Christine Vasmer, die Schwägerin von Dietrich, weiß nichts von meiner unsäglichen Affäre mit ihm, und sie kann sich nicht damit herausreden, Rache für seine Frau zu nehmen. Sie ist einfach nur kleingeistig. Ernsthaft habe ich gedacht, dass sie ihre Männer überzeugen würden, dass wir hier herauskommen. Aber das war ein Trugschluss. Den gemeinsamen Lammasabend wollen sie verschweigen. Jede ist sich selbst die Nächste, und wir sind verloren.«

Ich sagte gar nichts auf dieses Geständnis. Was sollte ich auch sagen? Immer noch fassungslos über die Tatsache, dass sie mich geboren hatte, schwieg ich.

»Als Letztes sollst du wissen, dass ich einen Geliebten habe. Cord Jan Vasmer ist sein Name, genannt Jan. Er ist der jüngere Bruder von Dietrich. Seit fünf Jahren kommt er wieder regelmäßig in die Stadt. Vorher war er lange im Ausland. Eines Abends klopfte es an der Tür, du schliefst schon, da stand er und drehte seinen Hut verlegen in der Hand. Ich bat ihn herein. Wir gingen die Treppe hoch in mein Wohnzimmer. Mich anblickend setzte er sich. Plötzlich wusste ich wieder, warum ich seinem Bruder verfallen gewesen bin. Diese Augen, mit diesen goldenen Fünkchen. Er erzählte mir, dass er erst vor wenigen Tagen einen an ihn gerichteten, ungeöffneten Brief von Dietrich Vasmer bekommen hätte. Sein mittlerer Bruder, Hermann Vasmer, hatte den in einer Truhe unter Büchern gefunden, und gab ihn Jan elf Jahre zu spät. Darin gestand Dietrich ihm, dass er mit mir ein Verhältnis gehabt hatte, dass ich niedlich gewesen wäre, und es ihm leid täte, dass ich in Schwierigkeiten geraten war. Dietrich bat ihn in dem Schreiben, ein Auge auf mich zu haben. Jan sagte mir, dass ich alles andere als niedlich gewesen wäre, sondern fast schon so schön wie heute, und dass er oft von mir geträumt hatte. Aber seine Leidenschaft waren der Handel, die Seefahrt und die Weite der Welt. Nicht das enge Bremen. Er hätte einmal kurz überlegt, meinen Vater um meine Hand zu bitten, doch er fühlte sich noch nicht reif dafür, Verantwortung für eine Ehefrau zu übernehmen. Dieses Geständnis und die Fünkchen in seinen Augen nahmen mir jede Hemmung. Ich habe mich ihm in die Arme gestürzt. In seine, nicht in die eines Mannes aus meiner Vergangenheit. Wäre doch nur alles anders gekommen. Hätte doch mein Vater mit Nachdruck auf eine Verbindung zwischen uns gedrängt. Obwohl, verblendet und jung wie ich war, hätte ich nicht erkannt, dass Jan der Richtige für mich gewesen wäre. Es fiel die nächste Stunde kein Wort zwischen uns. Nach zwei Monaten war er wieder da, und so ging das dann weiter. Meine zweite, wirkliche und echte Liebe begann, doch auch sie ist geprägt von Heimlichkeit. Er würde nie wegen mir hier bleiben, denn er braucht seine Freiheit. Über Boten tauschen wir kurze Nachrichten aus. Er kommt immer spät am Abend über die rückseitige Hauswand in mein Bett. So, Wübke, jetzt weißt du alles.«

In dieser Nacht sprachen wir nur noch wenig. Gegen Morgen wurde meine Herrin ohnmächtig, und der geschundene Körper hatte eine kurze Ruhephase. Ich dachte über das nach, was sie mir erzählt hatte. Für jegliche Gefühle wie Wut oder Entsetzen hatte ich keine Kraft mehr, denn alles wirbelte in meinem Kopf durcheinander. Irgendetwas hatte sie gesagt, was ich nun nie erleben sollte. Was es genau war, wusste ich nicht. Vielleicht meinte sie die Liebe eines Mannes, und wie schlimm es enden konnte, wenn er der falsche war. Aber wer würde mich schon lieben? Mich, Wübke Gerken, ein unbedeutendes kleines Dienstmädchen. Wenn ich hier herauskommen würde, dann hätte ich Narben, fiel mir konfus ein. Etwas zuckte bei dem Wort durch meine Gedanken. Narben ... Aber ich konnte nichts damit verbinden.

Die nächsten zwei Tage

Dann kamen sie wieder, und ich musste mit meinem neuen Wissen zusehen, wie sie Gredje von Essen abermals der peinlichen Befragung unterzogen. Der Kämmerer Gröning begann mit den Worten, ob sie nun endlich gestehen wolle, eine Buhle des Teufels zu sein. Sie antwortete stur, dass sie vieles gestehen würde, aber nicht die Unwahrheit. Die Daumenschrauben und den Stiefel ließen sie weg und zogen sie gleich nach oben. Der Kerker hallte wider von ihrem Geschrei. Ich sah alles zum zweiten Mal, und ich sah alles wieder doppelt, denn durch die Feuer wurden Schatten an die Wand geworfen. Zwischendurch verlor ich die Besinnung. Seit zwei Tagen hatte ich nichts gegessen und konnte die Bilder nicht mehr ertragen. Außerdem fragte ich mich ständig, wann sie mit mir anfangen würden. Als ich wieder zu Bewusstsein kam, lag das, was einmal die schöne Gredje von Essen war, wie eine zerbrochene Puppe vor mir. Unsere Peiniger waren nicht mehr da.

Ich konnte sie nur noch unregelmäßig atmen hören. Gleich bin ich mit zwei toten Frauen in diesem Verlies, dachte ich und betete darum, ihnen schnell folgen zu können.

Der Riegel wurde knarrend zurückgeschoben und langsam öffnete sich die Tür. Der Henker kam mit einer Fackel in der Hand herein, und steckte sie in die dafür vorgesehene Wandbefestigung. Ich vermutete, dass jetzt meine Folterung begann, darum betete ich zu allen heiligen Mächten, dass mich sofort der Schlag traf, damit ich nicht leiden musste wie sie und wie meine Großmutter. Wenn mich der Schlag nicht traf, dann würde ich gestehen, was immer sie von mir hören wollten. Zu allem würde ich Ja sagen, denn ich wollte nicht gefoltert werden.

»Ich will nicht«, schrie ich.

Hinter Meister Max kam noch ein Mann in das Verlies. Er war sehr groß und sah sofort die Witwe von Essen vor mir liegen. Der Mann kniete nieder, nahm seinen Umhang von den Schultern, deckte sie zu und hob sie hastig an. Sie wimmerte.

»Gredje«, hörte ich ihn sagen, »Gredje, was haben sie mit dir gemacht? Diese Bastarde! Ich bringe sie um.«

Es war die Stimme des Mannes, die ich die letzten Jahre so oft gehört hatte. Jan Vasmer war da. Ich stieß ein »Bitte, bitte gebt mir Wasser« hervor. Meister Max war derjenige, der mir einen Becher an die Lippen hielt. Klarer, guter Rheinwein rann mir die Kehle herunter. Dann löste er die Fesseln. Ich taumelte haltlos nach vorne. Der Henker fing mich auf und legte mich auf den Boden. Ich drehte den Kopf und sah die Umrisse meiner toten Großmutter hinter mir. Jan Vasmer wiegte Gredje von Essen zärtlich in seinen Armen. Meister Max wurde unruhig.

»Jan, wir kennen uns lange. Ich habe dir mein Leben zu verdanken. Mein Stand ist verfemt, aber trotzdem braucht man uns. Du warst derjenige, der mich in der Spelunke ›Zur Wahlfahrt‹, als ich restlos betrunken war, gerettet hat. Sie wollten mich damals lynchen, doch du hast mich durch die Hintertür in Sicherheit gebracht. Dann habe ich alles herausgekotzt. Das Bier und den Ekel vor meinem Amt. Du bist solange bei mir geblieben, bis es mir besser ging. Das vergesse ich dir nicht. Diese Schuld habe ich abgetragen, indem ich dich jetzt abgepasst habe, als du aus Verden zurückkamst. Du hast ihren Namen nur einmal genannt, aber so, dass ich es nie vergessen habe. Ich beneide dich um die Liebe zu deiner Gredje, die erwidert wird. Aber was machen wir jetzt? Wir haben nicht viel Zeit. Eine Frau ist tot, eine halbtot, und morgen nehmen wir uns das Mädchen vor. Entschuldigung, aber ich muss gehorchen und meinen Dienst tun, ob ich will oder nicht. Glaub nicht, dass es mir Freude macht, unschuldige Weiber zu quälen. Aber vielleicht sind sie doch mit dem Teufel im Bunde. Denn dass diese hier«, er zeigte auf meine Herrin, »noch lebt, geht nicht mit rechten Dingen zu.«

»Max, ich kann sie nicht hierlassen. Selbst nicht, wenn sie stirbt, nicht in diesem elenden Kerkerloch.«

Jan Vasmer stand auf und fing an im Kreis unruhig hin- und herzugehen. Wie ein gefangener Bär an der Kette. Das hatte ich schon einmal auf dem Marktplatz gesehen. Er erinnerte mich an dieses Tier, gebunden, aber noch nicht von seiner Kraft verlassen. Durch das schwindende Feuer wurde er mit seinem Schatten eins und beherrschte den Raum, der immer kleiner wurde. Sein Kopf reichte an die Kante der hohen Wand bis zur Decke. In dem zuckenden Licht meinte ich Teufelshörner über seiner Stirn zu sehen. Schnapp jetzt nicht über, Wübke Gerken, dachte ich. Es waren doch nur seine Hände, mit denen er sich verzweifelt durch die Haare fuhr.

»Es gibt vielleicht eine Möglichkeit, meine Herrin hier herauszuschaffen.«

Ich merkte mit Verzögerung, dass ich gesprochen hatte. Jetzt kam der Mann, der mein Onkel war und es nicht wusste, zu mir, packte mich an den Oberarmen und schüttelte mich.

»Wie?«, fragte er. Meine Antwort war ein Stöhnen, denn er hatte dorthin gegriffen, wo die rauen Stricke meine Haut wund gescheuert hatten. Sofort ließ er los.

»Meine Großmutter ist tot. Sie war die Amme der Witwe von Essen und starb gnädigerweise schon gestern. Wenn Ihr nun ihren Leichnam denselben Torturen unterzieht, sie merkt es ja nicht mehr, ihr die Haare abrasiert und ihr Gesicht unkenntlich macht, dann könnte sie doch vielleicht als Gredje von Essen durchgehen. Meister Max kommt morgen vor dem Kämmerer und bringt die Büttel als Zeugen mit, die eine Tote hier herausschaffen. Ihr müsst vor dem Zwinger mit einem Fuhrwerk warten, um sie unverzüglich aus der Stadt zu bringen. Wenn der Rat Gröning kommt, wird er wütend sein, denn er findet eine Leiche vor, die anders aussieht, als die halbtote Frau von gestern. Meister Max, könnt Ihr dann nicht sagen, dass Ihr meine Herrin nicht beachtet habt. Weil sie sich von ihm losgesagt hat, muss der leibhaftige Teufel hier gewesen sein, um sie weiter zu foltern. So lässt sich auch die gebrochene Schulter erklären. Satan hat sich für die Untreue gerächt. Mich hat er nicht angefasst, weil ich rein und seinen Verlockungen nicht erlegen bin. Wenn man mich fragt, dann werde ich etwas von Höllenfeuer und einer Gestalt sagen, die durch den Raum geschwebt ist. Sie hat mich mit einem dämonischen Schlaf belegt.«

»Kind, das ist eine Möglichkeit.« Die Stimme von Jan Vasmer hatte plötzlich wieder Kraft. Er sah Meister Max an. Der nickte: »Wir können es versuchen. Es gibt nichts mehr zu verlieren.«

Dann begannen sie ihr schreckliches Werk. Ich hörte dieselben Geräusche wie seit zwei Tagen. Brechende Knochen, reißende Muskeln und Sehnen. Sie schnitten sich selbst Wunden und schmierten ihr Blut auf meine Großmutter, damit es frisch und echt aussah. Neu war der Gestank von brennendem Fleisch, als sie das Gesicht unkenntlich machten. Ich musste mich übergeben. Danach robbte ich zu meiner Herrin und legte ihr meine Hand auf die verzottelten Haare. Ich wagte aus Angst, ihr weh zu tun, nicht, sie anzufassen. Jan Vasmer kam und nahm seine geliebte Gredje noch einmal sanft in die Arme. Er flüsterte ihr etwas ins Ohr. Ich meinte den Hauch einer Antwort zu hören, bevor er ihr vorsichtig die Lumpen meiner Großmutter anzog. Meister Max band mich wieder an den Pfahl. Er empfahl seine und meine Seele Gott. In dieser Reihenfolge. Der Geliebte der Witwe von Essen stand vor mir, strich mir über die Wange und drückte einen Kuss auf meine Stirn. Er umarmte mich dreckiges, stinkendes Mädchen, dankte mir für meinen Mut und sagte, dass meine Augen ihm bekannt vorkamen: »Sie sind wie das Braun der Erde, auf die Sonnenstrahlen fallen, zerplatzen und wie Funken sprühen.« Danach hob er Gredje von Essen hoch. Er trug sie behutsam an die Stelle, wo meine Großmutter gestorben war. Statt meiner Herrin lagen jetzt die Überreste meiner Großmutter vor mir.

Stunden später höre ich zum letzten Mal Gredje von Essens Stimme. Oder ich bildete es mir ein, denn ich war kurz davor wahnsinnig zu werden. Der Ostertorzwinger forderte seinen Tribut. Ich wusste nicht mehr, wo oben und wo unten war, oder ob es einen Gott gab.

»Wübke, wenn du hier heraus kommst, geh nachhause und such mein schwarzes Buch unter der Matratze. Es enthält meinen Nachlass und Weisungen an dich.«

Genau in diesem Moment erschien Meister Max mit zwei seiner Büttel. Die ließen polternd eine längliche Holzkiste auf den Boden fallen. Einen Sarg. Der Henker ordnete an, dass die Leiche entfernt werden musste. Er schnaufte in den folgenden Minuten laut und sprach ständig vor sich hin. So, als ob er versuchte, mögliche Geräusche der vermeintlich Toten zu überdecken, was aber überflüssig war, denn sie gab keinen Ton von sich. Dann war nur noch ich in diesem Verlies.

Es dauerte nicht lange, bis der Ratsherr mit seiner brutalen Entourage und dem Schreiberling erschien. Meister Max sagte, bevor der Kämmerer Gröning sich vor mir aufbaute, dass er die Leiche der Alten habe entfernen lassen: »Ich wollte nicht, da sie bereits Pestilenzgeruch verbreitet hat, dass die Ausdünstungen des Teufels die Arbeit für Gott überdecken.«

»Wohl getan, Henker. Nun zu dir, Wübke Gerken. Du hattest zwei Tage Bedenkzeit, dich loszusagen von Luzifer. Gleich frage ich dich, bekennst du deine Verfehlungen und findest zurück auf den rechten Weg? Aber erst werden wir schauen, ob die Essmannsche zur Besinnung gekommen ist, und dem gefallenen Engel abschwört.«

Er beugte sich herunter zu der Leiche von Alke Gerken: »Sprich Weib, entscheide dich für die Heimkehr zu Gott!«, und wartete vergebens auf Antwort.

Da er nichts hörte, trat er den Körper hart mit dem Stiefel in die Rippen. Dann noch einmal.

»Büttel, kommt her, zieht die Hexe hoch.«

Als die Gestalt auf dem Streckbett lag, leuchtete er ihr mit einer Kerze ins Gesicht. Er atmete mit einem erschreckten Laut aus.

»Wieso ist die Fratze verbrannt? Warum sind die Haare geschoren? Diesen Grad der Tortur hatten wir für heute geplant, wenn sie immer noch nicht geständig ist. Meister Max, was ist geschehen?«

Der Henker trat vor. Sein Gesicht war dicht neben dem des Ratsherrn vor den Überresten meiner Großmutter. Er schnupperte und murmelte etwas wie: »Noch widerwärtigere Ausdünstung als bei der Alten.« Seine Antwort an Raetje Gröning war so simpel wie überzeugend.

»Der Teufel selbst muss hier gewesen sein, um sich dafür zu rächen, dass sie ihm abgeschworen hat. Er verliert ungern seine Bräute.«

»Ihr redet Unfug. Wie soll er an den Wachen vorbei in den untersten Keller des Ostertorzwingers gekommen sein?«

»Der Teufel kennt Wege, die wir nicht sehen. Vielleicht ist er durch irgendein Schlüsselloch geflogen. Lasst doch das Mädchen sprechen. Sie war die ganze Zeit hier.«

Ich wartete ab, bis ich gefragt wurde. Dann erzählte ich meine Geschichte: »Der Henker hat recht. Als man mich gestern alleine ließ, da erhob sich ein Brausen in der Luft. Der Raum war erfüllt von einer unheimlichen Macht, der ich nur meinen Glauben an Gott entgegensetzen konnte. Die Körper der Hexen, denn da habe ich ihr wahres Ich erkannt, schwebten über dem Boden. Bläuliche Flammen züngelten um sie. Ich betete zum Herrn, seinem Sohn und dem Heiligen Geist, wobei ich in einen tiefen Schlaf fiel. Als ich wach wurde, war da eine friedliche Stille, wie noch nie in diesem Gewölbe. Ich danke dem Schöpfer, dass er mich vor dem Bösen beschützt hat.«

Das Gesicht des Ratsherrn spiegelte Fassungslosigkeit wider. Ich befürchtete, dass gleich seine Stimme losdonnerte, ich sei eine noch schlimmere Buhle als alle anderen. Meister Max starrte an die Decke. Die Büttel bekreuzigten sich. Dann rettete mich der Schreiber, der ja eigentlich stimmlos war.

»Rat Gröning, ein Wunder. Diese Jungfer muss unschuldig sein.«

Der Kämmerer beherrschte jetzt seine Gesichtszüge, und er traf das Urteil überraschend schnell.

»Gredje von Essen ist der Zauberei überführt, wie auch die Alke Gerken. Akurat, jetzt wirst du deine Aufzeichnungen vervollständigen.«

Er diktierte langsam:

»Sie gesteht, Lammert Harmßen, der sie jeden Abend gequält und sie eine Toversche gescholten hat, Schaden an Butter, Fleisch und überall zugefügt und sein Haus mit Spuk und Gespenstern vielfältig heimgesucht zu haben. Ferner hat sie ihm mit Hilfe von kleinen Würfeln und anderen Sachen, die ihr Alke Gerken geschenkt hat, der sie einmal, über die Unbill von Seiten Lammerts weinend, außerhalb der Stadt beim Graben begegnet ist und der sie ihr Leid geklagt hat, im Namen des Teufels einen Trunk gemischt. Dafür hat Alke einen Gulden von ihr zum Geschenk erhalten.

Den Glaser Gerdt Grawen, der sie seinem Versprechen zuwider ein ganzes Jahr lang ohne Fenster hat sitzen lassen, hat der Teufel, ihr Buhle, gequält, sie selbst aber hat ihm auch den aus den Mitteln Alkes gemischten Trunk verabfolgt. Als sie ihn dann später wieder von seiner Krankheit hatte heilen wollen, war es ihr nicht möglich gewesen, da ihr verlorengegangenes Zauberbuch nicht wieder auf-zutreiben gewesen ist; Alke indessen hatte sie unterwiesen, wie sie es durch Anrufung des Teufels bewerkstelligen konnte: ›*Du, Duvel, mack idt beter mit Grawen tho dusser Stunde.*‹

Auch gegen die Fögesche hatte sie den Beistand ihres Buhlen; doch hatte sie ihr obendrein von den Kräutern des alten Weibes eingegeben.

Als sie sich dann ein anderes Mal auf Anraten ihres Buhlen der Kräuter wegen in das Haus der Frau begeben hatte, war diese grade vergeblich bemüht gewesen, Butter zu machen. Da war sie ihr beigesprungen, indem sie 2 Messer, die in deren Hause verblieben waren, ›*auf der Karrn gesteckt*‹ *und dieselbe im Namen des Teufels ein- oder zweimal geschüttelt, worauf es gute Butter geworden war.*

Endlich hatte sie den Teufel zum Buhlen gehabt, der ein hübscher Kerl, aber von schwacher Sprache gewesen. Sein Name lautet Jan-Jan. Er hatte stets ein schwarzes Gewand getragen. Fünf Jahre, Tag und Nacht, ist er in ihr Haus gekommen und hat auf ihrem Bette geschlafen. Dies war auch noch in der Nacht vor ihrer Verhaftung der Fall gewesen.«

Dann fuhr er fort: »Die Dienstmagd, Wübke Gerken, hat der Versuchung widerstanden. Sie kann gehen, wenn sie Urfehde geschworen hat. Sie wird keinem der hier Anwesenden, dem ganzen Rat der Stadt Bremen und allen Personen, deren Namen in diesem Verfahren gefallen sind, etwas nachtragen. Binnen fünf Tagen muss die Magd die Stadt verlassen haben. Sie darf sie nie wieder betreten. Bindet sie nach dem Schwur los, lasst sie zeichnen und dann kann sie gehen. Das gilt auch für die Ehmkersche und ihre Tochter, die nicht mehr verhört zu werden brauchen. Einziger Unterschied, sie dürfen in Bremen verbleiben. Außerdem möge man alles für die Hinrichtung der Essmannschen Hexe vorbereiten. Mein Urteil lautet: Tod durch Verbrennung.«

Noch vor wenigen Stunden hätte ich geschworen, ich würde Luzifer dienen, nur damit sie mich nicht marterten und mir keine Schmerzen zufügten. Nun schwor ich diesen Teufeln, ihnen zu vergeben und kein böses Wort über sie zu verlieren.

Wieder im Tageslicht, musste ich blinzeln. Mit den Händen stützte ich mich an der Zwingermauer ab. Ich spürte die Wärme der Steine. Eingedenk der schlimmsten Ohrfeige meiner Herrin, hatte ich gesagt, dass ich nicht lesen und schreiben könnte und den Protokollanten für mich zeichnen lassen. Die Stufen in die Freiheit stieg ich wie eine alte Frau empor, denn ich trug die Jahre der Alke Gerken und der Gredje von Essen auf meinen Schultern. Das Urteil, die Stadt zu verlassen, kam mir recht, denn ich wollte nur weg aus Bremen, mit diesen Mauern, Toren, Befestigungsgräben und den scheinheiligen, bösen Menschen.

Ich löste mich von der Wand, die den Tod vom Leben trennte, und wankte in Richtung meines Zuhauses. Erst viel später merkte ich, dass ich einen

Umhang mit einer Kapuze trug, der mich vor neugierigen Blicken schützte. Wer ihn mir gegeben hatte, wusste ich nicht. Ich musste aussehen wie eine Vogelscheuche und stinken wie ein Misthaufen. Als ich in den Geeren einbog, kam mir Berthe Föge entgegen. Sie sah mich und fing an zu schreien. Wie bei meiner Verhaftung war die Straße plötzlich voll von Menschen. Dieses Mal wurde ich nicht bespuckt, doch die Blicke waren trotzdem nicht freundlich. Die Menge machte schweigend Platz, aber nur einzelne Leute folgten mir bedrohlich. Zweimal stolperte ich, bevor ich gegen die Tür des Hauses mit der Nummer 28 drückte. Sie war offen, ich knallte sie hinter mir zu, drehte den im Schloss steckenden Schlüssel um – und ließ ihn draußen, diesen Pöbel. Der Empfangsraum war verändert, denn er war leer bis auf das Bild des Nuralf von Essen, welches durch Messerschnitte zerstört war. Irgendjemand hatte ein Loch dorthin geschnitten wo sein Herz wäre, und mitten durch die Halskrause klaffte ein Riss. Die Stühle, der Tisch, der Schrank, die Truhe und der Leuchter samt Kerzen waren verschwunden. Wie in Trance ging ich die Treppe hoch in die Räume meiner Herrin. Auch hier war es nicht mehr so, wie es vor vier Tagen gewesen war. Es fehlte Zierrat im Wohnzimmer und die noch vorhandenen Möbel waren umgeworfen oder kaputt. Im Ankleidezimmer standen die Türen des Schranks offen, fast alle Kleider waren verschwunden. Im Schlafzimmer gab es keine Bettdecke mehr. Die Bettunterlage war zerfranst und aus dem Gestell gezerrt. Daunenfedern lagen auf dem Boden, oder tanzten, getragen von nicht spürbaren Luftschwingungen, wie Staubflocken, durch den Raum.

Eine Stimme flüsterte: »Geh nachhause und suche mein schwarzes Buch unter der Matratze.« Ich riss an den Resten der Schlafunterlage und war eingehüllt von Strohhalmen, dessen Kanten mir in die Haut piksten. Da war nichts. Wie rasend, mit Kräften, die ich eigentlich gar nicht mehr haben konnte, tobte ich in der Kammer der Witwe von Essen und verwüstete sie noch mehr. Nichts, überhaupt nichts fand ich. Wie an meinem ersten Abend in diesem Haus, rollte ich mich auf dem Boden zusammen und weinte bittere Tränen. Wie damals war ich wohl eingeschlafen. Ich träumte von meiner Großmutter, die mir über den Kopf streichen wollte. Dieses Mal kam kein Lachen, sondern die letzten Worte, vor einem Schlaf, der tiefer war als das Meer und der gefühlt Tage dauerte, waren: »Suche Traugei.«

Als ich aufwachte, hatte ich keine Tränen mehr, dafür aber Hunger, so entsetzlichen Hunger. Es war nichts zu essen im Haus außer einigen wurmstichigen Äpfeln, die ich gierig in mich hinein stopfte und sofort wieder erbrach. Ich wusste nicht, was ich tun sollte. Ich wollte mich gern waschen, aber ich hatte kein Wasser. Ich musste mir Hilfe suchen, und mir fiel Stine ein. Man hatte sie und ihre Mutter entlassen, das hatte der Kämmerer gesagt. Meine Freundin kannte mich und musste wissen, dass jegliche Anschuldigungen Irrsinn waren. Ich war einfach nur ich. Außerdem hatte der Ratsherr mich von jedweder Schuld freigesprochen. Da ich mich bei Tageslicht nicht aus dem Haus traute, wartete ich auf die Abenddämmerung, um mich zum Haus der Ehmkers zu schleichen.

21. August 1565
Auf dem Jodutenberg

Die letzten Tage war ich endgültig erwachsen geworden. Jetzt stand ich inmitten einer Menschenmenge auf dem Jodutenberg, die erregt auf ein Spektakel wartete, wohingegen ich Abschied nahm.

Stine Ehmker hatte mich an dem Abend vor fünf Tagen hereingelassen. Die Inhaftierung in der Hurrelburg, einem Gefängnis zwischen Obern- und Sögestraße, war vergleichsweise harmlos gewesen. Ihnen war keine körperliche Gewalt angetan worden, und der Schneidermeister Ehmker hatte mittels Bestechung ihre Freilassung unterstützt, welche der Ratsherr für sich als gnädige Milde verbuchte. Für die nächsten zwei Jahre würde

Raetje Gröning zu besonderen Konditionen seine Kleidung bekommen. Die beiden Frauen hatten ebenfalls Urfehde geschworen, doch die Familie wurde nicht, wie ich, verbannt. Dies teilten sie mir flüsternd mit, obwohl niemand uns hören konnte. Gesine Ehmker steckte mich in einen Waschzuber, flößte mir anschließend Hühnerbrühe ein und gab mir Zuckerstangen.

Als sie mich wieder in eine halbwegs menschliche, junge Frau verwandelt und mir ein Kleid von sich übergezogen hatte, ging ich den nächsten Morgen zurück in das einzige Zuhause, das ich kannte. Ich suchte weiter in der Zerstörung. Und ich fand wieder nichts. Das schwarze Buch blieb verschwunden. Vielleicht war es nur eine Einbildung, dass ich gehört hatte, dass ich darin etwas finden würde. Immer wieder musste ich mich jedes Mal heftiger kneifen, um zu merken, dass ich lebte und um die Schreckensbilder zu verdrängen. Manchmal sah ich nur Rot und schwamm in einem purpurnen See, dann wieder hörte ich ein schmerzliches Raunen, das zu einem Crescendo anstieg. Ich schloss die Augen und hielt mir die Ohren zu. Ständig kehrten meine Gedanken in den Ostertorzwinger zurück. Nie würde ich diese vier Tage und drei Nächte vergessen. Das Leben und Sterben der zwei Frauen würde mich mein Leben lang begleiten, das wusste ich. Meine Großmutter, Alke Gerken, und meine Herrin, Gredje von Essen, würden immer wie Gespenster, wie Geister aus einer Dunkelwelt um mich sein.

Unruhig streifte ich durch alle Räume. Abschließend ging ich auf den leeren Speicherboden. Dort hörte ich ein leises, mühsames Miauen. Ich drehte mich um. Traugei lag in einer Ecke. Vorsichtig hob ich den Kater hoch, trug ihn in das Schlafzimmer der Witwe von Essen und legte ihn auf sein Kissen neben dem Kamin, das erstaunlicherweise niemand gestohlen hatte. Er tat einen tiefen, fast zufriedenen Atemzug, blähte die Backen auf, und nach all dem Tod der vergangenen Tage wusste ich, dass nun die letzte Beständigkeit meines Lebens mich auch verlassen hatte. Er war nur eine

Katze, aber er wurde die dritte Schattengestalt um mich. Als ich das tote Tier streichelte, schob ich dabei unbeabsichtigt sein Lager beiseite. Vor mir war eine lockere Bodenplanke. Das spröde Holz gab sofort nach, als ich daran zog. In einem Hohlraum steckten eine, durch einen Bindfaden zusammengehaltene Pergamentrolle, eines der schwarzen Bücher meiner Herrin und ein schwerer Ledersack. In dem Buch, dessen Blätter unbeschrieben waren, lagen zehn Dokumente. Das gerollte Schreiben war ein Testament, vorzulegen beim Rat der Stadt Bremen. Sein Inhalt lautete, dass Lammert Harmßen, der hochgeschätzte Nachbar, das Haus am Geeren 28 mit seinem gesamten Inhalt von der Witwe Gredje von Essen erbte. Weitere Besitztümer, zwei landwirtschaftliche Gehöfte in der Neustadt im Neuenlande, hatte sie dem Rat der Stadt Bremen als Gemeindeland überschrieben. Alle anderen Papiere waren gesiegelt. Ich brach das rostrote Wachs auf. Ein Papier war ein Empfehlungsschreiben für eine Grid Vasing an den Kaufmann Quentin Mercator. Ein Name, den ich noch nie gehört hatte. Er wohnte in Altenesch, unterhalb Bremens auf der anderen Weserseite. Dann noch eines an Mieke Vermoeulen, wohnhaft in London, dass Quentin Mercator die Jungfer Vasing zu der Vermoeulenschen schicken würde, und diese wüsste, dass sie käme. Die anderen Schriftstücke belegten Eigentum und Teilhaberschaft der Grid Vasing an Handelsschiffen und Waren des Quentin Mercator. Unterzeichnet waren sie mit Elisabeth von Bargen. In dem Säckchen lag der Siegelring, den meine Herrin öfter getragen hatte. Ich betrachtete seine Stanzplatte und ich sah, dass die Initialen EvB waren und nicht, wie ich immer gedacht hatte GvE. Außerdem zählte ich dutzende Gulden in dem Beutel.

Mir wurde unheimlich zumute, denn ich hatte gedacht, es wäre ein Hirngespinst gewesen, dass die Witwe von Essen zu mir gesprochen hatte. Vielleicht war sie doch eine Hexe und konnte zaubern, hatte mich durch magische Kräfte dazu gebracht zu suchen und den Kater geschickt, damit ich das Versteck finden würde. Aber eigentlich, sagte ich dann zu mir, war es auch vollkommen egal. Gredje von Essen hatte nie zu mir gestanden wie eine Mutter zu ihrem Kind. Aber sie hatte mich auf das Leben vorbereitet und dafür gesorgt, dass ich nun unabhängig war. Langsam begriff ich, dass sie für mich ein neues Leben geplant hatte, in dem ich vielleicht so vermögend sein würde, dass ich ein Stück Eigenständigkeit hätte. Auf dem Weg dahin hatte sie mir Menschen zur Seite gestellt, denen sie zu vertrauen schien. Ach, dachte ich, warum hast du nicht eine einzige Zeile an mich hinterlassen? Warum wünschst du mir kein Glück? Das hättest du doch auch als Dienstherrin tun können, ein einziges kleines Zeichen, das ich ganz alleine für mich habe.

Den nächsten Morgen zog ich eines der noch vorhandenen Kleider meiner Herrin an, es schlotterte mir um den Körper, und begrub Traugei vor dem St. Stephanitor unter einem Busch.

Dann ging ich zum Rathaus, um dort das Testament vorzulegen. Der Ratsherr Raetje Gröning nahm es entgegen, las es mir vor, und ordnete überheblich, gönnerhaft an, dass ich bis zu meiner Abreise noch in dem Haus wohnen dürfte. Er selbst würde den ehrenwerten Lammert Harmßen über das Erbe informieren. Bescheiden knickste ich mit gesenktem Kopf, damit er nicht sehen konnte, wie meine Mundwinkel zuckten und ich fast spöttisch lachte.

Die Zeit, die mir noch in Bremen blieb, nutzte ich, um mir eine anständige Garderobe bei Meister Ehmker schneidern zu lassen und eine geräumige Reisetruhe zu kaufen. Außerdem fand ich einen Schiffer, der gegen Vorschuss versprach, mich am 21. August nach Altenesch zu bringen. Quentin Mercator schickte ich über Stines Vater einen Boten mit der Nachricht, dass sich Grid Vasing, geschickt von Elisabeth von Bargen, zu ihm auf den Weg machen würde. Von Stine und ihrer Mutter verabschiedete ich mich. Sie weinten. Ich konnte nicht mehr weinen.

Am nächsten Morgen ging ich zum letzten Mal vom Speicher abwärts durch alle Räume des Hauses. Jedes Mal, wenn ich ein Zimmer betrat, hörte ich das Rascheln der Röcke meiner Herrin und den sanften Aufprall von Traugeis Pfoten auf den Boden, wenn er von einem Möbel herabgesprungen war.

In der Eingangshalle blieb ich stehen.

»So wahr mir Gott helfe, ich bin keine Hexe. Ich habe Urfehde geschworen, aber dem zum Trotz verfluche ich dieses Haus und alle Menschen, die Harmßen heißen und hierin wohnen werden. Darum hat meine Herrin es dir überschrieben, du Widerling, Lammert Harmßen, damit ich dich auf ewig verwünsche und an diese Mauern binde. Mögen unheilige Geister dich heimsuchen, möge die Milch sauer werden, die Händler verdorbene Ware liefern und Butter von den Wänden fließen. Mögen Krankheiten dich finden und dein Tod langsam und qualvoll sein.«

Dabei ballte ich die Hände zu Fäusten und stampfte, wie zur Bekräftigung, mit dem Fuß auf. In mir brodelte neben der Trauer auch eine Wut wie kochendes Wasser.

Ich übergab Lammert Harmßen die Schlüssel, wünschte mir insgeheim, dass sein Schwanz an mir vorbeifliegen würde, schickte zwei Botenjungen mit der Truhe zur Anlegestelle und ging auf den Marktplatz vor das Rathaus. Noch waren nicht viele Leute da. Ich schmiegte mich Halt suchend an das spitze Knie der Rolandstatue. Gegen zehn Uhr kam ein großes Fuhrwerk mit einem hölzernen Sarg darauf vor das Vogtgericht gefahren. Eine inzwischen gewaltige Menschenmenge wartete begierig auf die Verhandlung gegen eine Tote. Ich kannte niemanden, meinte aber auf dem Rathausbalkon einige der Frauen zu sehen, die noch vor kurzer Zeit im Haus meiner Herrin verkehrten. Landvogt Frantz verlas Gredje von Essens angebliches Geständnis, welches die Hexe freiwillig »in und außer der Pein« abgegeben hätte. Er gab nur wider, was dem Schreiber im Kerker in die Feder diktiert worden war. Es fielen keine Namen der Bremer Matronen, die einmal so getan hatten, als ob sie Freundinnen der Witwe von Essen gewesen wären, und die sie alle am Lammasabend zu Alke Gerken begleitet hatten. Anschließend verurteilte der Ratsherr Raetje Gröning die Leiche zum Feuertod. Der Scheiterhaufen auf dem Richtplatz sei schon vorbereitet, verkündete er. Der Fuhrmann Johannes Gödjens bekam den Auftrag, den Karren mit der Essmannschen vor die Tore der Stadt auf den Jodutenberg zu fahren. Die Leute um mich herum warteten erregt auf das kommende Schauspiel. Es herrschte Volksfeststimmung, denn Gaukler und Musikanten sorgten für Belustigung. Sie begleiteten mit Gesang und Trommeln meine Großmutter auf ihrem letzten Weg.

Alke Gerken verwandelte sich in Asche. Ich betete für sie. Und ich betete für Gredje von Essen und Jan Vasmer. Um mich herum wurde ein ausgelassenes Fest gefeiert. Händler sorgten dafür, dass es genug Bier zu trinken gab. Etwas vor mir stand ein junger Mann, der mir bekannt vorkam. Ich kniff die Augen zusammen, um besser sehen zu können, wer zum wiederholten Mal einen tiefen Schluck aus einem Humpen nahm und danach laut rülpste.

Eine junge Frau mit einem wenige Tage alten Baby auf dem Arm drehte sich ärgerlich um und schimpfte: »Hinrich Lütz, es wird immer schlimmer mit dir. Nun säufst du schon am helllichten Tag.«

Seine Antwort war: »Halt den Mund, Weib. Scher dich um deine eigenen Angelegenheiten. Wenn du weiter zänkisch bist, werde ich prüfen lassen, ob du auch eine von denen bist« – sein Kopf wies auf den Scheiterhaufen – »und dein Balg vom Teufel persönlich stammt.«

2. Teil
3. März 1580
Ankunft in Rotterdam

Ein rauer Wind trieb dicke, wie Blei schimmernde Wolken über einen verhangenen Himmel. Ich zog meinen mit Nerzfell gefütterten schwarzen Umhang enger um mich. Auf dem Weg nach Lübeck liefen wir in den Hafen von Rotterdam ein. Mein Mann war bereits vor drei Monaten aufgebrochen. Unser Treffpunkt, so hatte er beschlossen, um dann gemeinsam weiterzureisen, sollte Bremen sein. Bei dem Gedanken an meine Heimat hatte ich kein gutes Gefühl, denn ich war vom Rat verbannt worden. Aber nach all den Jahren würde niemand in mir das kleine Dienstmädchen von einst wiedererkennen, sagte ich mir.

Ich stand wie eine Galionsfigur ganz vorne am Bug der Kraweel GRID. Das Schiff war nach mir benannt. Fünfzehn Jahre war ich nicht auf dem Festland, und hatte in London wie auf einer Insel gelebt. Selbst meine drei Schattengestalten schienen Ruhe gefunden zu haben, denn ich sah sie nicht mehr so oft.

21. September 1565 bis März 1580
Altenesch im Stedinger Land

Stumm sagte ich ein letztes »Lebwohl, mögest du einkehren in das Himmelreich Gottes!«, zu meiner Großmutter und verließ den Richtplatz, lange bevor das Spektakel um die Verbrennung der Essmannschen Hexe vorbei war, um an die Schlachte zu gehen. Eine Eke brachte mich bei strahlendem Sonnenschein von dort fort. Als Grid Vasing ging ich zu Quentin Mercator.

Das Boot dümpelte von der Tide gezogen die Weser abwärts in Richtung Nordsee. Ein kleines Segel, eigentlich mehr ein durchlöcherter Fetzen, fing, soweit es ging, den zeitweise aufkommenden Wind ein. Wenn es schaukelte, klammerte ich mich krampfhaft mit den Fingern an der schmalen Reling fest. Der namenlose Schiffer war wortkarg und schenkte mir kaum einen Blick.

»Jetzt sind wir da. Dort vorne ist das Haus des Händlers«, war alles, was er nach zwei Stunden zu mir sagte. Der Bootsrumpf schlug mit einem dumpfen Krachen gegen einen Steg. Er sprang auf die Bohlen, half mir an Land, hievte meine Truhe hinterher und streckte die Hand aus, um den restlichen Lohn für seinen Dienst zu kassieren. Als er ablegte, hörte ich ihn schimpfen, dass die Gezeiten gegen ihn wären, weshalb er jetzt rudern müsste. Am Himmel zogen dunkle Wolken auf. Seine Worte verwehten, und samt dem Boot verschwand er aus meiner Sicht.

Lange stand ich auf dem Anleger und versuchte, mich zu sammeln. So viel war passiert. Die Gleichmäßigkeit meines Daseins war zerstört. Ich hatte keine Großmutter mehr, ich hatte kein Zuhause mehr – und die Frau, die mein Leben bestimmt hatte, war auch nicht mehr da. Um mich war die Landschaft geprägt vom Blau der Weser, dem satten Grün des Grases und wie verstreute Inseln standen Pappeln dicht gedrängt beieinander. Ihre Blätter raschelten so, als ob sie ein Lied singen würden. Seltsam war das Gefühl, dass die Natur um mich ebenso traurig war, wie ich. Alles um mich atmete Leid aus. Ein leichter Sprühregen setzte ein. Er war wie Tränen, die zerplatzten, um zu unzähligen kleinen Wasserfontänen zu werden. Aus der Rinde der Baumstämme schien durchsichtiges Blut zu fließen.

»Bist du Grid Vasing?«

Erschrocken drehte ich mich um. Ein Mann, um die vierzig Jahre alt, stand vor mir. Seine Kleidung war bäuerlich, aber trotzdem aus teuren Stoffen genäht. Meine Herrin hatte meinen Blick für so etwas geschärft.

»Meint Ihr mich?«

»Natürlich meine ich dich, Kind. Entschuldigt. Ihr seid wohl eher eine junge Dame. Ich sollte Euch Jungfer Vasing nennen. Mein Name ist Quentin Mercator.«

»Ja …«, stotterte ich. Der einzige Gedanke, der mir durch den Kopf schoss war, dass die Witwe von Essen mir jetzt wieder eine kräftige Ohrfeige gegeben hätte. Wübke, dachte ich, Wübke, du bist Grid.

»Ja, das bin ich. Elisabeth von Bargen schickt mich.«

»Gut, dann kommt mit mir. Meine Knechte werden Euer Gepäck gleich abholen. Hier kommt nichts weg.«

Er ging voran. Alles an ihm empfand ich als angenehm natürlich und bodenständig. Er war präsent, konnte aber im nächsten Moment so unauffällig sein, dass man nicht wusste, dass er da gewesen war oder wie er ausgesehen hatte. Selbst, wenn ich mich in meiner Einschätzung täuschen würde, mir blieb nichts anderes übrig, als ihm zu vertrauen. Der Regen hatte den Boden inzwischen durchweicht und meine Schuhe versanken im Gras der Wiese. Es gluckerte bei meinen Schritten, bis wir auf dem befestigten Weg waren. Langsam setzte Dunkelheit ein. Aus den Fenstern des Anwesens vor uns strahlte einladendes Kerzenlicht.

Der Regen hörte auf. Trotzdem fröstelte mich. Quentin Mercator musste es gemerkt haben, denn er blieb stehen.

»Ist alles in Ordnung?«

»Dieser Ort. Ich weiß nicht. Er ist unheimlich.«

Seine Gesichtszüge erstarrten oder ich bildete es mir ein.

»Ihr spürt es?«

»Was soll ich spüren?«

»Das Elend der Stedinger.«

Ich hatte noch nie von den Stedingern gehört, weshalb ich ihn fragend anblickte.

»Kommt erst einmal weiter, Jungfer Vasing. Ich erzähle Euch vielleicht später von meinen Vorfahren.«

Im Haus empfing uns eine Frau in seinem Alter. Sie war klein gewachsen, sehr dick und ihr gewaltiger Busen wogte, als ich vor ihr stand. Die Gesichtszüge, auch wenn die Augen zwischen Fettpölsterchen versanken und die Wangen wie aufgeblasen wirkten, zeigten noch die Spuren einstiger Schönheit. Sie war wie Quentin Mercator einfach, aber wohlhabend gekleidet.

»Jungfer Vasing. Wie nett. Ich bin Irmin Mercator. Und Ihr habt Anteile an den Handelssachen meines Mannes geerbt? Wie ist denn ein junges Ding wie Ihr daran gekommen? Wohl von Euren Eltern? Ihr sollt Waise sein, hat mein Mann gesagt. Wollt Ihr wirklich nach London? Eine gewagte, weite Reise. Gut, dass ich dieses Mal meinen Mann begleiten werde. Dann kann ich Euch zur Seite stehen. Eine Jungfer nur unter Männern, das geht doch nicht.«

Sofort wusste ich, dass ich mich vor ihr in Acht nehmen musste. Sie war schrecklich neugierig und viel zu bestimmend.

Mir wurde eine Kammer zugewiesen, ohne Fenster, die wie alle anderen Räume von der riesigen Diele abging, die mit Möbeln als Wohnbereich ausgestattet war. Der Raum war klein und eng. Er bereitete mir Beklemmungen. Ich musste noch einmal nach draußen und den freien Himmel über mir sehen. Als ich versuchte, leise die Tür hinter mir zu schließen, kam Irmin Mercators Stimme aus einem großen Lehnstuhl in der Mitte der Diele.

»Wohin, Jungfer Vasing?«

»Ich müsste mal …«

»Geht einfach raus in die Scheune nach links. Nicht nach rechts, da sind die Lagerräume. Passt auf, dass Euch keiner von den Knechten sieht. Die haben die Finger überall.«

An diesem Abend begann meine größte Herausforderung für die kommenden Tage. Ich musste mich nämlich von Wübke verabschieden, um Grid zu werden und zu sein. Die Frau des Kaufmanns würde mir mit ihren Fragen so lange unaufhörlich zusetzen, bis sie herausbekommen hatte, was sie wissen wollte. Ich musste mir schnellstmöglich eine Vergangenheit ausdenken. Was hätte meine Herrin getan, fragte ich mich.

Ich erzählte Irmin Mercator am nächsten Morgen, dass ich, was sie ja schon wüsste, ein Waisenkind wäre. Aufgewachsen war ich bei Pflegeeltern auf einem Bauernhof nahe Bremen in dem Dorf Worpswede. Eine Cousine meiner toten Mutter, Elisabeth von Bargen, die inzwischen auch an einem Leiden verstorben war, hatte sich meiner angenommen und aus der Ferne für meine Erziehung gesorgt. Sie stand in Handelsbeziehungen zu Quentin Mercator, und ich war nach Altenesch gekommen, weil sie mir ihre Besitztümer vererbt hatte. Irmin Mercator nahm mir die Geschichte ab, bohrte dennoch immer weiter in meiner Vergangenheit, von der ich aber nichts preisgab. Was mit den Pflegeeltern wäre, wollte sie wissen. Ich bekreuzigte mich. »Auch tot, ach nein«, sagte sie. »Was …«

Ich blieb eine Woche im Haushalt des Kaufmanns. Er erklärte mir, dass ich gerade zur rechten Zeit für die Reise nach London bei ihm angekommen sei. In wenigen Tagen würde er mit einem Handelszug von zwanzig Gespannen nach England aufbrechen. Zu unserer Sicherheit hatte er Landsknechte angeheuert. Er wollte eigentlich schon vor einem Monat losgezogen sein, aber die Anlieferung von Tuchballen hatte sich verzögert. Trotzdem hoffte er, dass wir es noch vor den Winterstürmen über den Kanal schaffen und dass Unwetter uns nicht den Weg erschweren würden. Quentin Mercator beschrieb mir den Reiseverlauf.

»Wir nehmen die Flämische Straße. Diese Handelsroute verbindet seit Jahren die nördlichen Hansestädte mit Antwerpen. Von Altenesch geht es über Ganderkesee, Wildeshausen, Herzlake, Haselünne, Lingen, Nordhorn, Deventer, Arnheim und Nimwegen in die belgische Hafenstadt. Dafür werden wir sicherlich einen Monat brauchen. Dort besteigen wir ein Schiff und segeln im Konvoi mit insgesamt fünf Booten an der Küste entlang nach Calais. Bei günstigem Wind sind wir danach in anderthalb

Tagen in Dover. Dann dauert es noch eine Woche und mit Glück erreichen wir London Ende November. Ich habe leichte Stoffe im Angebot. Die sind dann pünktlich für den Sommer dort. Außerdem besteht ein Teil der Ware aus russischem Silber. Wie meine Frau Euch schon sagte, wird sie uns begleiten. Somit ist für Eure Sicherheit gesorgt.«

Dem Satz folgte ein Zwinkern, das vieldeutig war. Es enthielt Beruhigung, Belustigung und den Anflug von etwas, das ich als Warnung empfand.

Den letzten Abend vor unserer Abreise stand ich noch lange vor dem Haus und blickte über die Wiesen zu den vereinzelten Baumgruppen. Das fieberhafte Treiben der letzten Tage, die Hektik beim Beladen der Wagen, das Eintreffen der Fuhrleute und der bewaffneten Begleittruppe hatte mich davor bewahrt, mich meinem Kummer gänzlich zu ergeben. Aber jetzt, es war ganz still, kamen die Tage im Gefängnis, zum ersten Mal gepaart mit meiner Angst vor einer ungewissen Zukunft, wieder hoch. Außerdem gab mir dieser Ort, dieses Altenesch, keine Ruhe. Aus diesem Boden stieg eine ungreifbare Empfindung auf, die meinem Herzschmerz gleich war.

Quentin Mercator trat neben mich. Er rauchte eine Pfeife. Der unangenehm riechende Qualm kringelte sich in meine Nase. Ich musste niesen.

»Jungfer Vasing, verzeiht, wenn ich Euch zu nahe trete, aber Ihr betrachtet seit Eurer Ankunft diesen Fleck Erde so seltsam. Kennt Ihr die Geschichte des Landstrichs?«

»Nein. Aber so, wie Ihr mich fragt, muss hier etwas geschehen sein. Ich …, es mag komisch klingen, aber ich fühle mich hier nicht wohl. Ihr wolltet mir etwas erzählen über die Stedinger. Tut Ihr es jetzt?«

»Hier, etwas weiter im Hinterland, hat vor bald 350 Jahren, am 27. Mai 1234, die letzte Schlacht stattgefunden.«

»Quentin Mercator, hör auf mit diesen alten Geschichten. Wenn du wirklich ein Nachfahre dieser Ketzer bist, dann schäme dich.« Seine Frau kam auf uns zu. Heftig hob und senkte sich ihre Brust vor Empörung.

Der Handelsmann zog an seiner Pfeife. Seine Augen schweiften dabei in die Ferne und sie schienen Bilder zu sehen. Sein Kopf neigte sich, als ob die Ohren Geräusche wahrnahmen.

»Die Stedinger waren friesische Bauern, die sich hier angesiedelt hatten. Sie wollten frei sein von der Diktatur der Bremer Erzbischöfe. Es kam immer wieder zu kriegerischen Auseinandersetzungen. Eine 1230 einberufene Provinzialsynode in der Stadt, die unter dem Gottesgeheiß des Fastens abgehalten wurde, erklärte das wehrhafte Volk kurzerhand zu Ketzern. Die Pfaffen wollten das Land und fanden eine Begründung: *Die Stedinger küssen Kröten den Hintern und die Lippen; und das auch bei einem halbtoten Mann, welcher sie den wahren Glauben vergessen lässt; ein schwarzer Kater kommt und es wird wieder geküsst – den Arsch und das Maul; und wenn die Stedinger am Ostertag den Leib des Herrn empfangen, dann tragen sie ihn im Mund nachhause und werfen ihn in eine dunkle Kammer; denn Luzifer ist es, dem sie die Treue schwören.*

Das sagten die Männer Gottes. Dann wurde dem Papst das Versprechen abgerungen, dass ein Feldzug gegen die Stedinger der Beteiligung am Kreuzzug ins Heilige Land gleichkäme. Das Bistum, der Rat der Stadt Bremen und verbündete Ritter machten sich daraufhin auf, um das Volk zu vernichten. Es stand ein Heer von achttausend Kämpfern den nur halb so starken Stedingern gegenüber. Die anderen, tausende Frauen, Kinder und Greise hatten sich angstvoll verschanzt. Es muss grauenvoll gewesen sein. Menschen und Pferde starben. Glieder wurden zerfetzt und es floss dermaßen viel Blut, dass es nicht in der Erde versickern konnte. Das Geschrei war ohrenbetäubend. Die Niederlage der Stedinger war nicht mehr aufzuhalten. Doch auch nach diesem Tag von Altenesch war es nicht vorbei. Die letzten dieser Menschen wurden unbarmherzig verfolgt und niedergeknüppelt. Um Hilfe schreiende Kinder wurden erschlagen, Frauen flüchteten ins Moor, oder gingen freiwillig ins Wasser, um dem Feind zu entkommen. Ich bin ein Sohn dieses Volkes. Und ich werde diesen

Boden verteidigen, darum sind die letzten meiner Vorväter hiergeblieben. Immer, wenn ich den Bremer Kaufleuten ein Schnippchen schlagen kann, werde ich es tun. An Gott glaube ich und bete zu ihm, aber jeder Pfaffe, ob protestantisch oder katholisch, ist mein Feind, denn die ach so duldsamen Männer der Kirche sind keinen Deut besser als die Händler.«

»Quentin, erzähl dem jungen Ding doch nicht deine Familiengeschichte. Gott hat gesiegt. Wann begreifst du es endlich. Halt den Mund und prahl nicht mit deinen unsäglichen Ahnen. Gottesleugner und Zauberer waren das, und die sind verurteilt worden. Hast du nicht gehört, dass in der Stadt gerade wieder eine Frau dieser Schandtaten überführt und dem gnädigen Feuertod übergeben wurde?«

»Irmin, lass es sein. Du hast gewusst, wen du heiratest. Beantworte lieber eine wirklich wichtige Frage. Wo ist dein gedankenloser Sohn? Er soll uns begleiten und ist immer noch nicht da.«

»Ich weiß es nicht. Aber ich habe bereits vorgestern einen Knecht nach Bremen geschickt, um ihn zu suchen. Wenn der Junge nicht rechtzeitig zum Aufbruch morgen da ist, dann weiß ich auch nicht. Ich mache mir Sorgen.«

»Vergiss den Nichtsnutz. Wir brechen auf, auch ohne ihn.«

»Du kaltherziger Mensch. Hätte ich doch nur …«

Quentin Mercator beendete das Gespräch dadurch, dass er ins Haus ging. Ich begab mich mit staksenden Schritten in Richtung Scheune, nahezu gelähmt vor Furcht, sie würde mich mit Gredje von Essen in Verbindung bringen. Irmin Mercator jammerte und fluchte weiter: »Wo bist du, mein Junge? Was nützt du mir, wenn du nie da bist.«

Ochsen- und Pferdegespanne setzten sich am nächsten Morgen in Bewegung. Es waren fünfzig Personen, die mit dem Zwischenziel Antwerpen loszogen. Kutscher, Knechte, Soldaten und wir: Quentin Mercator, seine Frau Irmin und ich. Unser Aufbruch war begleitet von knallenden Peitschen, rufenden Männern, brüllenden Tieren und der Hoffnung auf eine gefahrlose Reise.

Die ersten Tage saß ich neben Irmin Mercator und einem Fuhrmann auf der harten Planke eines Planwagens. Sie schimpfte ununterbrochen über alles, lamentierte über die Nichtanwesenheit ihres Sohnes und wollte wieder in meiner Vergangenheit wühlen. Als ich es nicht mehr ertrug, fragte ich den Handelsherrn, ob ich mit ihm fahren dürfte, denn ich wollte von ihm wissen, wie meine Beteiligungen waren. Quentin Mercator war leutselig wie immer, doch dann rückte er verklausuliert mit der Wahrheit heraus. Dabei musterte er mich so, dass ich manchmal seinem Blick ausweichen musste. Ich hatte das Gefühl geprüft zu werden. Wenn das Ergebnis zu meinen Ungunsten ausfiel, würde es ungemütlich werden. Das wusste ich.

»Ich habe seit zehn Jahren Handelsbeziehungen mit Elisabeth von Bargen. Ich kenne nur den Namen, weiß aber sonst nichts über sie. Sie wickelt … Nein, ich muss nun wohl sagen, sie wickelte ihre Geschäfte über Bevollmächtigte ab. Die Boten mit Nachrichten waren selten dieselben. Unsere Lieferungen sind immer pünktlich mit dem vornehmlichen Ziel Antwerpen. Die Waren kommen aus dem Süden und Osten. Manchmal kann es passieren, wenn Schiffe unterhalb von Bremen manövrierunfähig sind, dass meine Männer und ich ihnen helfen. Auch wenn Kapitäne Leuchtbaken nicht sehen und auf Untiefen auflaufen, dann helfen wir ebenfalls. Versteht Ihr mich?«

Es dauerte etwas, bis ich begriff, was er mir gerade gesagt hatte. Die Witwe von Essen schaffte es immer wieder, mich zu überraschen. Meine unfassbare Naivität musste sie zum Lachen gebracht haben, denn vor meinen Augen hatte sie Kontrakte mit einem Kaperer abgewickelt. Ich überlegte mir meine nächsten Worte sehr genau.

»Ihr wollt mir sagen, dass nicht alles, was an Ware gehandelt wird, korrekt erworben ist. Ist das richtig ausgedrückt?«

»Jungfer Vasing, ich habe gleich erkannt, dass Ihr Schwingungen sehr wohl aufnehmt. Altenesch hat sich Euch zu erkennen gegeben. Und Ihr scheint kürzlich Schweres durchgemacht zu haben. Ich will nichts wissen, aber die von Bargensche – nennen wir sie der Einfachheit halber bei diesem Namen – muss in Euch Fähigkeiten gesehen haben, damit das Geschäft weiterläuft. Seid Ihr bereit dafür?«

»Das bin ich. Doch ich habe noch eine Frage. Gab es in Eurer Vergangenheit einmal ein Mädchen mit dem Namen Gredje? Sagt mir nur, dass Ihr sie kanntet, und wenn das so ist, versprecht mir in ihrem Namen, mich nicht zu hintergehen. Meine Einlagen in Euer Geschäft werde ich nicht zurückziehen, selbst wenn es in Teilen unlauter ist. Wenn Ihr der Stadt Bremen, dem Rat und der Kaufmannschaft wirtschaftlichen Schaden zufügt, dann schweige ich. Aber ich will nicht wissen, wie Ihr das macht. Eine Bitte habe ich jedoch. Es gibt einen Viehhändler, Lammert Harmßen, dem wünsche ich das totale Verderben. Langsam und schleichend.«

Mit diesem Gespräch und meinem letzten Satz, war unsere Zusammenarbeit besiegelt. Sein »Hüa!« trieb das Pferd an, schneller zu laufen. Quentin Mercator hatte ein blondes Mädchen gekannt, sagte er noch, das wunderschön gewesen war.

Dörfer und Städte zogen an mir vorbei. Ich konnte am Abend nicht mehr sagen, welche Weiler ich gesehen hatte, denn alles verflüchtigte sich sofort. Selbst die Landschaft hätte ich nicht beschreiben können, denn ich war in Grübeleien versunken. Meine Gedanken kreisten um das Angebot von Quentin Mercator. Ich wagte nicht zu fragen, auf was ich mich eingelassen hatte. Dann und wann warf er mir einen kritischen Blick zu, so, als wartete er auf eine Reaktion meinerseits. War es richtig, das alles hinzunehmen oder zeugt das von einer Dummheit, die ihresgleichen sucht, fragte ich mich. Meine Vorstellung von seinen Tätigkeiten waren ungenau, und vor jedem Ansatz in die Tiefe zu gehen, scheute ich mich, denn ich fabulierte mir – die Tage im Ostertorzwinger nicht loslassen könnend – das Schlimmste zusammen. Wie war es, wenn ein Schiff in der Dunkelheit durch falsche Signallichter an das Ufer gelockt wurde? Die Seeleute und die Kaufleute mussten es irgendwann merken, und dann versuchen das Boot wieder ins tiefe Fahrwasser zurück zu navigieren. Sie würden schreiend sich gegenseitig beschuldigen, nicht aufgepasst zu haben. Vielleicht wären auch Frauen und Kinder an Bord. Dann würde Quentin Mercator mit seinen Leuten kommen, alle Menschen töten, sich der Handelsware bemächtigen, und Leichen trieben in der Weser. Konnte er so etwas tun, nachdem er mir geschildert hatte, wie mitleidslos die Stedinger abgeschlachtet worden waren? Oder war er nur von Rache erfüllt, dass ihn das nicht interessierte?

In Bremen hatte es immer mal wieder Berichte über aufgebrachte Schiffe gegeben, und von Seeräuberei und Überfällen auf dem Landweg war die Rede gewesen. Doch mir war nie zu Ohren gekommen, dass irgendjemand diese in einen Zusammenhang brachte. Darüber wäre bestimmt bei den Besuchen der Freundinnen von Gredje von Essen gesprochen worden. Dieser Gedankengang tat mir nicht gut. Alle diese reichen, nur auf den eigenen Vorteil bedachten Frauen hatten meine Herrin im Stich gelassen. Ich hörte wieder ihre Stimmen, ihre Schmeicheleien über das gute Aussehen der Witwe, und wie sie ihre Sorgen bei meiner Herrin abluden. Doch nicht eine hatte ihr geholfen, nicht eine hatte ihr beigestanden, als sie sie brauchte. Ich wollte nicht daran denken, lieber konzentrierte ich mich wieder auf mein Erbe und die Allianz, die ich eingegangen war. Bei seinen Besuchen bei der Witwe von Essen hatte ihr Bruder einige Male geklagt, dass seine Weinlieferungen nicht der Bestellung entsprächen. Es fehlten Fässer. Er verdächtigte jedes Mal die Fuhrleute des Diebstahls, aber da er nie etwas beweisen konnte, tauschte er regelmäßig die Knechte aus. Quentin Mercator und seine Männer mussten einen ausgeklügelten Plan haben, um unauffällig Raubzüge zu Land und zu Wasser durchführen zu können – wenn sie denn die Fässer mit Sherry an sich gebracht hatten. Ich versuchte so zu denken, wie meine Herrin wohl gedacht hatte und mir früher nie in den Sinn gekommen wäre zu denken. Johann Using hatte sich unverzüglich nach dem Tod des Nuralf von Essen dessen Anteile am Geschäft angeeignet. Meine Herrin erbte nur das Haus und Geld für den Lebensunterhalt. Sie musste sich betrogen gefühlt haben. Doch wie hatte sie die Bekanntschaft von Quentin Mercator gemacht? Aus der kurzen Bemerkung, dass er ein Mädchen namens Gredje gekannt hatte, erdachte ich mir eine Geschichte. Dass die Wahrheit eine andere gewesen sein musste oder konnte, war mir bewusst, aber ich würde sie nie erfahren. Darum war meine Version so gut wie jede andere.

Als der Tuchhandel von Gredjes Vaters vor den Toren der Stadt ein gewinnbringendes Geschäft war, lebten dort neben der Dienerschaft auch mindestens zwei bis drei junge Männer, um das Handelsgeschäft kennenzulernen. Einer dieser Jungen war Quentin Mercator, der im Alter von zehn Jahren seine Lehre begann. Quentin sah das kleine Mädchen, die Tochter des Hauses, meist aus der Ferne. Er mochte das Kind. Als er mit siebzehn zurück zu seiner Familie ging, verehrte er Gredje, die ihn in der ganzen Zeit nur einmal lächelnd angesehen hatte, als er ihr ein verlorenes Taschentuch wiedergab. Es war eine stumme Verehrung, die weniger von fleischlichem Begehren gelenkt war als vielmehr einer geschlechtslosen Bewunderung.

Quentins Vater hatte dafür gesorgt, dass er das Gewerbe eines, wie er lachend seinem Sohn erklärte, ehrbaren Kaufmanns erlernen konnte. Der Sohn schmunzelte, denn er brauchte diese Tarnung für den zweiten, alles andere als ehrenhaften Handel, den die Mercators betrieben. Plünderungen von Schiffen, die man durch falsch gesetzte Leuchtfeuer in der Nacht an der Küste der Nordsee und in der Wesermündung auf Sandbänke laufen ließ, bildeten den Grundstock zur Beschaffung von Waren. Außerdem wurden an Land Reisegesellschaften und Kaufmannskarawanen überfallen und ausgeraubt. Dadurch, dass die Tatorte oft Tagereisen auseinanderlagen, konnte kein Verdacht aufkommen, dass eine organisierte Bande am Werk war. Quentin Mercator schärfte nach dem Tode seines Vaters, als er die Geschäfte übernahm, seinen Leuten ein, dass es möglichst keine

Toten geben sollte. Mord durfte nur das allerletzte Mittel sein. Die Männer waren vermummt, damit niemand die Gesichter sah. Die erbeuteten Waren verteilten er und seine Mittelsmänner auf andere Händler oder deklarierten sie als eigene Ware. Dazu gehörten Spirituosen, die er in neue Fässer umfüllte, und auch dem Weinhandel von Gredje von Essens Mann und Bruder anbot. Johann Using kannte ihn nicht, denn der hatte sein Elternhaus schon verlassen, als der Junge seine Ausbildung begann. Dort im Kontor traf Quentin Mercator auch die erwachsene Gredje wieder. Nach einem erfolgreichen Vertragsabschluss wollte er das Haus verlassen, als er ein hitziges Wortgefecht zwischen Gredje und dem Weinhändler hörte. Sie beklagte sich lautstark, dass sie keinerlei Rechte mehr an dem Handel hatte, und ihr als armer Witwe nur so wenig Geld geblieben war. Meine Herrin stürmte an ihm vorbei. Sie stürzte fast, als sie sich voller Hast auf der Treppenstufe vertrat, doch Quentin Mercator konnte sie noch abstützen. Er stellte sich vor und bot spontan an, sie nachhause zu begleiten. So hätten sie ins Gespräch gekommen sein können. Vielleicht hatte sie sich auch noch an ihn erinnert. Da er unbeabsichtigt den wütenden, verbalen Schlagabtausch der Geschwister mitangehört hatte, machte er den Vorschlag, dass sie, wenn sie ihr Einkommen aufstocken wollte, sich bei ihm beteiligen könnte. Er würde erst viel später erzählt haben, dass er weitere, sehr viel lukrativere Geschäfte betrieb. Gredje von Essen selbst hatte bestimmt den Plan ausgeheckt, dass sie unter dem Decknamen Elisabeth von Bargen auch dabei seine Partnerin wurde. Mittels ihrer Kontakte und Beziehungen zu den Kaufmannsfamilien in der Stadt sammelte sie vorsichtig Informationen über Schiffe und sich im Aufbruch befindliche Handelskarawanen. Durch Kuriere standen Quentin Mercator und Gredje von Essen in Kontakt, oder es war wieder einmal Alke Gerken, meine Großmutter, die für den einstigen Zögling Botschaften weiterleitete. Ob er wohl jemals am Geeren 28 gewesen war, fragte ich mich. Mit seiner Gabe, sich irgendwie unsichtbar zu machen, hatte ich ihn vielleicht gar nicht wahrgenommen.

Die Reise war anstrengend und hart. Oft mussten wir zwischen den Städten auf freiem Feld kampieren. Die Gespanne fuhren dann zu einer Wagenburg zusammen und ich schlief auf dem harten Boden neben einem der Wagenräder. In solchen Nächten war ich fast dankbar für die neben mir liegende, schnarchende Irmin Mercator. Sie war so harsch mit Worten, dass sich kein Mann traute, mir nahezukommen. Ihre Fragen konnte ich inzwischen durch ständige Wiederholung meiner Herkunftsgeschichte monoton beantworten. Aber ich merkte, dass ich sie nie zufriedenstellte, denn sie ließ nicht locker und versuchte immer wieder, in mich einzudringen. Wenn wir in Wirtshäusern übernachteten, freute ich mich über einen weichen Strohsack, und manchmal konnte ich sogar ein Bad nehmen. Ich lag dann noch in dem Zuber, als das Wasser schon lange erkaltet war. Meine Seele und meine Gedanken mussten hinter den harten Reisebedingungen zurückstehen, wofür ich dankbar war. Ich lernte, handfest mit anzupacken, wenn ein Rad brach oder sich die schützenden Wachsdecken bei Regen verzogen und das Tuch darunter Schaden nehmen könnte.

Ich hatte begriffen, dass Gredje von Essen als Elisabeth von Bargen mit Quentin Mercator unredliche, aber gewinnbringende Geschäfte betrieben hatte. Der geschickte und gewiefte Handelspartner konnte durchaus als Seeräuber bezeichnet werden. Sie hatte eine verdeckte Identität angenommen. Gredje und Elisabeth. Wübke und Grid. Genau wie sie hatte ich das auch getan. Bei mir war es aber wohl eher Schicksal, bei ihr dagegen Berechnung.

Oft fragte ich mich, wer ich denn jetzt war. Ich dachte wie Wübke und lebte das Leben der Grid. Ganz allmählich lernte ich, Entscheidungen erst nach reiflicher Überlegung zu treffen. Ich begriff, dass ich Dinge hinterfragen musste. Dieser Reifeprozess war nicht einmal schwer. Es war, als ob verschüttete Eigenschaften meiner leiblichen Eltern sich allmählich gegen die Unbedarftheit durchsetzten.

London

Endlich in England angekommen, begleiteten mich Quentin Mercator und seine Frau zu Mieke Vermoeulen, die mich herzlich aufnahm. Das Ehepaar trat umgehend die Rückreise an. Der Nachfahre der Stedinger verabschiedete sich mit einem bedeutungsvollen Blick und wenigen Worten: »Jungfer Vasing, Eure Gelder sind gut bei mir angelegt. Ihr braucht keine Angst zu haben, dass ich Euch betrüge. Gewinne werden in neue Unternehmungen gesteckt und einmal im Jahr bekommt Ihr eine Aufstellung über das Vermögen. Den Vermoeulens habe ich einige, saubere Beteiligungen übergeben. Somit seid Ihr hier nicht unvermögend.«

Mieke Vermoeulen hatte vier Söhne, von denen bei meiner Ankunft noch zwei im Kindesalter waren. Sie nahm mich auf wie eine Nichte, und ich sollte sie Tante Mieke nennen. Sie erzählte mir, dass Gredje ihr von einem Waisenkind geschrieben hatte, das sie unter ihre Fittiche genommen hätte und wie eine Tochter lieben würde. Die verstorbenen Eltern wären ehrbare, gottesfürchtige Leute gewesen. Wenn Gredje was auch immer zustoßen würde, sollte Mieke möglichen Gerüchten nicht glauben und Grid im Namen einer Elisabeth von Bargen ein Zuhause geben. Wir weinten beide um Gredje von Essen, denn durch mein Hiersein wusste sie, dass ihre Freundin tot war. Mieke Vermoeulen fragte nie nach meiner Vergangenheit. Ich hatte keine Ahnung, ob sie die Wahrheit kannte, denn mir war hier nie etwas über die Verurteilung in Bremen zu Ohren gekommen. London hatte zehnmal mehr Einwohner, war gefährlicher, schmutziger, verrohter und korrupter – und hatte seine eigenen Hexen.

In mir herrschte noch lange tiefe Trauer und ich hielt Zwiesprache mit den drei Schattenwesen um mich. Tante Mieke hatte einen Hund, der oft wie verrückt kläffte, wenn ich in den Raum kam. Wahrscheinlich witterte er Traugei, denn immer, wenn der Spaniel mit eingeklemmtem Schwanz ängstlich hin- und herrannte, waren meine Geister um mich.

Die Stadt ängstigte mich zu Anfang. Selten verließ ich das Haus, obwohl das Kensingtonviertel, in dem die Vermoeulens wohnten, zu den besseren Gegenden weit außerhalb der City of London zählte. Bei Sonnenschein saß ich in dem kleinen Garten und träumte vor mich hin. Bis der Traum ein Albtraum wurde.

Wenn ich vor den Bildern aus dem Ostertorzwinger fliehen musste, ging ich ins Haus und versuchte, mich nützlich zu machen. Beschäftigung lenkte mich ab. Damit konnte ich die in meinem neuen Leben vollkommen unsinnige Angst für einige, gnädige Stunden bannen.

Mistress Cattell, die Köchin, beschwerte sich zunächst bei Tante Mieke über meine Anwesenheit in ihrer Küche. Die befahl, mich gewähren zu lassen, und ich half dann öfter beim Kochen. Als ich die Mistress davon überzeugt hatte, Stubenkücken so zuzubereiten wie in Bremen, kam die Herrin des Hauses persönlich in die Küche, um der Cattellschen zu danken. Das Essen sei wie damals gewesen, wie daheim in ihrer Jugend. Der Extragulden half sicherlich auch, dass Mistress Cattell mich jetzt bereitwilliger ertrug. Nach einigen Wochen fragte sie mich sogar nach meiner Meinung bei der Auswahl von Speisen, und sie wollte wissen, was man in meiner Heimat aß. Endgültig gewann ich ihr Herz, als ich der Köchin zeigte, wie man Krullkuchen, ein Neujahrsgebäck von der friesischen Küste herstellte, worauf eigens dafür ein Eisen in Auftrag gegeben wurde.

Tante Miekes Mann, der gebürtige Lübecker Justus Vermoeulen, machte anhand der von Quentin Mercator übergebenen Beteiligungen eine Aufstellung meines Vermögens. Er handelte hauptsächlich mit Gewürzen aus Arabien, Waffen aus Damaskus und Pelzen, Eisen sowie Kupfer aus dem Norden und Osten. Die zwei Söhne, die noch zuhause lebten, unterrichtete er zu Anfang ihrer Ausbildung selbst. Wenn ich nicht in der Küche war, hatte ich immer dann den Drang etwas aus dem Schulzimmer zu holen, wenn die Kinder dort Studien betrieben. Als der Hausherr ihnen über die Geschichte der Hanse und die wirtschaftliche Entwicklung die erste Lektion erteilte, blieb ich einfach stehen, um zuzuhören. Justus Vermoeulen stutzte, als ich keine Anstalten machte zu gehen. Er fragte, ob ich am Unterricht teilnehmen wollte. Ein Zuhörer mehr würde ihn nicht stören, also blieb ich.

Meinem Ziehonkel hatte ich zu verdanken, dass sich das entfalten konnte, was die Witwe von Essen als Fundament für meine Bildung gelegt hatte. Spät, jedoch nicht zu spät, brachte er mir bei, ein gutes Gespür für Güter zu entwickeln, für deren Wert für den Markt und die Ränkespiele der Kaufleute. Immer öfter fragte er mich um meine Meinung, wenn es darum ging, wo er investieren wollte. Denn schließlich, sagte er, sei ein Teil des Einsatzes auch mein Geld. Als ich die Scheu vor der City verloren hatte, begleitete ich Justus Vermoeulen in den Stalhof. In diesem Gebäudekomplex wohnten Händler aus allen Hansestädten ohne ihre Familien. Allein schon die kostbaren Silberbecken und Silberkannen zeigten die Macht der Kaufmannschaft. Er erklärte mir, dass hier Zucht und Ordnung herrschte und es strenge Regeln gab, wann der Zugang geschlossen wurde und Ruhe in den Kammern rund um den Innenhof einkehren musste. Es war ein fast klösterliches Leben, bestimmt durch die Steigerung von Gewinn und das Festigen von Beziehungen.

Meiner Ziehtante hatte ich es zu verdanken, dass ich mich in eine schöne junge Frau mit einem ausgezeichneten Modegeschmack verwandelte. Instinktiv griff ich hauptsächlich zu schwarzen und weißen Stoffen. Selten entschied ich mich für ein Kleid in blau oder rot. Ich bekam Unterricht im Tanzen, im Musizieren und erlernte die englische Landessprache. Allmählich gewöhnte ich mich ein. Grid Vasing wurde ein Teil der Familie.

Justus Vermoeulen war streng gläubiger Katholik. Er klärte mich über die Gefahren der neuen Glaubensrichtung auf, den Protestantismus, wobei er das Wort förmlich ausspuckte. Ich schwieg und betete mit seiner Familie, wie er es vorschrieb. Eines Abends verkündete er, dass er die Stadt Oudewater in den Niederlanden verdammen würde, die im Rathaus Wiegeproben zugelassen hatte, um festzustellen, ob eine Frau eine Hexe wäre.

»Wenn ein Weib Unzucht mit dem Teufel treibt«, wetterte er, »gehört sie verurteilt und verbrannt, denn sie hat kein Recht auf Freilassung, nur weil ihr Gewicht für normal erklärt wird. Dieser abtrünnige Mönch, Martin Luther, ist schuld daran, dass die ganze Ordnung auf den Kopf gestellt ist.«

Ich blieb daraufhin eine Woche zitternd und bibbernd von einem permanenten Schüttelfrost befallen im Bett. Seine Meinung zu der protestantischen Königin Englands, Elisabeth der Ersten, die aus politischen Gründen ihre katholische Cousine Maria Stuart, Königin der Schotten, inhaftieren ließ, tat er nie kund. Geschäft und Kirche waren für ihn strategisch streng getrennt.

Bei Mieke Vermoeulen erfuhr ich ein Gleichgewicht zwischen der Liebe meiner Großmutter in meinen ersten und der Strenge der Witwe von Essen in meinen späteren Jahren. Ich begriff, dass letztere mir auch eine Art von Liebe gegeben hatte, soweit sie es eben konnte.

Ferdinand Vermoeulen, der zweitälteste Sohn des Hauses, war ein Jahr jünger als ich und kam wenige Monate nach meiner Ankunft in London aus Danzig zurück. Er verliebte sich augenblicklich in mich. Aber ich beachtete ihn nicht, da ich zu sehr damit beschäftigt war, meine Schattenbegleiter um Entschuldigung zu bitten, dass ich nicht eine von ihnen war.

Erst zwanzig Monate später, als er nach weiteren Reisen wieder in England war, blickte ich in seine grauen Augen. Sie waren wie ein verhangener Nebeltag in London.

»Er ist das ganze Gegenteil seines älteren Bruders, der die Handelsgeschäfte meines Mannes später führend übernehmen wird«, sagte Tante Mieke. »Ferdinand ist ein Freigeist, der zupacken kann, wenn es sein muss. Er ist aber kein bisschen eitel und seine Manieren lassen auch zu wünschen übrig. Auf mich hört er nicht, darum braucht mein Sohn eine Ehefrau, die ihn lenkt.« Seinen Vater hörte ich schimpfen, dass er als Sohn des Handelsherrn nicht eigenhändig die Schiffe steuern sollte, auf denen er mitfuhr, sondern lieber öfter in der Bibel studieren.

Ich merkte schnell, dass Ferdinand nur in die Kirche ging, weil Justus Vermoeulen es vorschrieb. Bei den Tischgebeten bewegte er die Lippen so, dass er nie und nimmer den Text einer Liturgie mitsprach. Er erzählte stumm von Wind und Wellen. Eigentlich passten seine durchschnittliche Körpergröße, das runde, freundliche, aber konturlose Gesicht, umrahmt von dünnen, hellbraunen Haaren, gar nicht zu seiner Abenteuerlust. Ich mochte ihn sehr und fühlte mich zu ihm hingezogen. Meine Bewunderung für ihn empfand ich als Liebe. Das vielleicht auch, weil ich dachte, es würde von mir erwartet. Bei unserem ersten Kuss begleitete mich ein ganz kleines Sehnen, dass er jemand anderer wäre.

Meinem Glück standen niemand und nichts im Weg. Ferdinands Eltern begrüßten die Beziehung, wobei sie sicher in Erwägung zogen, dass ich vermögend war. Wie reich, wussten sie allerdings nicht, denn die kurzen Berichte von Quentin Mercator bekamen sie nie zu Gesicht.

Mit Stine Ehmker, dann Stine Noltenius, hatte ich Briefkontakt gehalten. Sie kannte meine Herkunft nicht, aber meine Geschichte, denn wir teilten diese schreckliche Erinnerung und hatten beide gelitten. Die Zeit im Gefängnis hatte für sie Ungewissheit bedeutet, für mich war aber das Schlimmste wahr geworden. Ich vertraute ihr zurecht, dass sie niemandem verraten würde, wer Grid Vasing war.

1566 schrieb sie mir: »... Lammert Harmßen hat Berthe Föge geheiratet, und sie sind in das Haus Nummer 28 gezogen. Vier Monate später gab es einen Volksauflauf, denn zwischen den Steinen der Fassade spritzte eine weiße, zähe Masse hervor, die langsam an der Wand herunterrann. Der ganze Marktplatz war entvölkert. Menschenmassen schoben die Langenstraße entlang. Du kannst es dir nicht vorstellen, was hier los war. Die Leute quetschten sich durch die Natel und reckten im Geeren die Köpfe, um bloß nichts von diesem Ereignis zu verpassen. Endlich trauten sich belgische Seeleute die Paste zu berühren und zu probieren, um anschließend zu verkünden, es wäre Butter. Die ganze Zeit schrie Berthe im Haus wie eine Verrückte. Am Abend hatte sie eine Fehlgeburt. … Und noch etwas muss ich dir mitteilen. Nur wenige Tage nach deinem Weggang fand man den Bruder der Witwe von Essen in von Wasser durchtränkter Kleidung tot am Weserufer. Er hatte sich selbst ein Schwert in den Leib gerammt. Es gab sofort Gerüchte, die überall die Runde machten. Der Bruder der Hexe sei auch ein Hexer gewesen, was seinen Wohlstand erklärte. Lammert Harmßen war einer der Treiber, der am lautesten unlautere Machenschaften vermutete. Er brüstete sich damit, dass er schon immer gewusst hatte, dass die ganze Sippe schuldig war. Johann Using hatte nach seiner Enttarnung keinen anderen Ausweg gesehen, als sich zu ertränken. Als das nicht ging, weil seine magischen Kräfte ihn immer wieder an die Oberfläche trieben, hatte er sich selbst mit der Stichwaffe gerichtet. Die Witwe Using und ihre Kinder verließen Bremen. Ich weiß nicht, wohin sie gegangen sind. Den Weinhandel übernahm Lammert Harmßen. … Außerdem hat man den Henker der Stadt auch der Zauberei beschuldigt.«

Da ich den Brief zum wiederholten Mal las, legte ich ihn beiseite und seufzte. Ich hatte nicht vergessen, dass Meister Max geholfen hatte, dass meine Herrin vielleicht nicht in dieser abartigen, lüsternen und gewaltschwangeren Katakombe gestorben war, sondern frei außerhalb der Mauern in Jan Vasmers Armen. Dem Scharfrichter wurde zur Last gelegt, dass er das Vieh auf der Bürgerweide verhext und vergiftet hätte. Er beteuerte seine Unschuld, doch niemand glaubte ihm. Eine Woche nach seiner Inhaftierung – ob die peinliche Befragung stattgefunden hatte, wusste Stine nicht – gab ein zerlumpter, stummer Junge einen Brief für den Bürgermeister Hermann Vasmer im Rathaus ab. Ein anonymer Schreiber empfahl, dass zumindest drei der immer noch verendenden Tiere aufgeschnitten und nach natürlichen Ursachen für den Tod gesucht werden sollte. Man fand Blutegel, aufgenommen durch das Trinkwasser, in den Mägen der Kühe. Nach dem Schwur der Urfehde wurde der Henker freigelassen. Man sah ihn nie wieder in Bremen. Stine schrieb nichts von Gredje von Essen und Jan Vasmer. Sie waren verschwunden, als ob sie nie existiert hätten. Genau wie ich, aber nach einem Dienstmädchen ohne Familie fragte ohnehin niemand.

Aus ihrem zweiten Brief, im Jahr 1567, erfuhr ich: »… Berthe Harmßen hatte weitere Fehlgeburten. Ich weiß schon gar nicht mehr wie viele. Außerdem sind ihre Eltern gestorben. Der Vater, dieser rohe Klotz, ist einfach tot am Amboss zusammengebrochen und die Fögesche hat ein Zahnleiden gehabt. Sie ist im Fieberwahn, jämmerlich vor Schmerzen schreiend an dem Eiter erstickt, als die riesige Geschwulst platzte. Die ganze Zeit soll sie eine Goldkette umklammert gehalten und: ›Verzeihung, ich bitte um Verzeihung‹, gebrabbelt haben. Wenn sie nicht so hochmütig wäre, täte Berthe mir fast leid. Lammert Harmßen wird zwar immer reicher, aber er ist dem Trunk verfallen und geht zu Huren. Ich habe gehört, dass er sich eine Krankheit eingefangen hat, die man Syphilis nennt. … Doch nun Schluss mit Dingen über andere Leute. Ach du, meine liebste, beste Freundin, ich bin verliebt, unsterblich verliebt in Igor Noltenius. Er ist Jurist und gebürtiger Hamburger. Viel Geld hat er nicht, doch sein Beistand in Rechtsfragen findet zunehmend Anklang in Bremen. Alles deutet darauf hin, dass er meine Liebe erwidert. Ich warte sehnsüchtig auf seinen Antrag.«

Ich hörte noch dreimal von Stine. Wir wurden älter, heirateten, doch ich würde sie nie wiedersehen. Sie starb vor zehn Jahren. Mein letzter Brief an sie kam zurück. Ihr Mann schrieb mir, dass sie die Geburt des ersten Sohnes nicht überlebt hatte. Der inzwischen angesehene Jurist heiratete nur wenige Wochen nach Stines Tod die ebenfalls verwitwete Berthe

Harmßen. Deren Mann hatte fast das gesamte Vermögen durch waghalsige Spekulationen verloren und den Rest verspielt. Man fand Lammert Harmßen verprügelt, erwürgt und erstochen, nach Brandwein und Weibern riechend, nackt nahe der Balge im Schnoorviertel. Berthe, die unzählige Male schwanger geworden war, hatte keines der Kinder lebend zur Welt gebracht und war nun beglückt, ein Baby zu versorgen.

3. März 1580 –
Der Rest des Tages in Rotterdam

Die Kraweel legte an. Matrosen brachten Bretter in Position, damit wir das Schiff verlassen konnten. Anders als in London lag hier ein leichter Salzhauch in der Luft, der mich an meine Heimat erinnerte.

Was mir Sorgen machte war nach all den Wochen das Wiedersehen mit meinem Ehemann. Wenn unsere Bindung auch vielversprechend begonnen hatte, das Glück hielt nicht lange an. Ferdinand war der Freigeist, wie seine Mutter ihn beschrieben hatte. Neben seinen Tugenden war sie blind für seine Schwächen. Wollte er etwas haben, kämpfte er so lange, bis er es hatte, aber dann wollte er etwas Neues. Das Alte musste in die zweite Reihe zurücktreten. Die ersten drei Jahre blieb er in London, doch dann suchte er wieder nach Reisen, Herausforderungen und Abenteuern. Die Zeiten seiner Anwesenheit zwischen zwei Fahrten waren immer kürzer geworden. Ich hatte ihn oft Monate nicht gesehen, so war er mir fremd geworden. Meine Liebe zu ihm erschien mir manchmal wie eine Erinnerung. Das Glück, ihn neben mir zu haben und ihn zu fühlen, wandelte sich in die oberflächliche Freude, einen entfernten Verwandten zu sehen. Ich war beruhigt, dass er bei guter Gesundheit am Leben war, doch viel mehr empfand ich nicht. Meine Bitten, doch länger zu bleiben, um Zeit mit seiner Familie zu verbringen, tat er mit für mich nicht stichhaltigen Begründungen ab, warum er gerade jetzt wieder fortmüsse. Meinen Wunsch nach einem eigenen Haus wandte er immer damit ab, dass es doch viel bequemer sei, weiter bei seinen Eltern zu wohnen. Das alles machte mich trotzig. Wir küssten uns, wir schliefen miteinander, aber es wurde immer mechanischer. Vielleicht war die Zeit, die wir bald mit einander verbringen sollten, genau die, die wir brauchten, um uns wiederzufinden. Ich hatte einen Mann, wie ich es mir wünschte, doch Erfüllung konnte ich nicht finden. Aber es gab etwas sehr Wichtiges, an dem er nicht ganz unbeteiligt war: Ich würde ihm immer für meine beiden Töchter dankbar sein. Ihretwegen drängte ich auch so darauf, ihm nachzureisen, um gemeinsam Zeit in Lübeck zu verbringen.

Ursprünglich wollte ich mich mit Quentin Mercator in Antwerpen treffen, aber im Hafen von Calais wartete ein Bote mit der Nachricht, dass sein Gesundheitszustand derzeit keine Reise zulassen würde. Ein vertrauenswürdiger Mann, der sich als Vertreter ausweisen könnte, käme anstelle seiner nach Rotterdam, um mich dort im Hafen zu erwarten.

Nachdem das Schiff vertäut war und die Bohlen lagen, ging ich langsam an Land. Mitten auf dem Kai blieb ich stehen, um mich mit ausgebreiteten Armen und offenen Augen im Kreis zu drehen. Erst sah ich hohe Kontorhäuser mit getreppten Giebeln und schmalen Fenstern, zusammengesetzt aus vielen Butzenscheiben; dann Winden, die Waren auf Speicherböden zogen; dann Menschen, die sich begrüßten oder verabschiedeten; dann Heck und Bug von Schiffen; Gewirr von Masten und Männer, welche die Boote ent- und beluden: und dann wieder die Kontorhäuser. Dabei hörte ich unzählige Sprachen und schenkte einem bettelnden Kind einige Kupfermünzen.

In meiner Nähe stand eine ältere Frau neben einem Mann. Beide waren vornehm gekleidet. Von ihrem Gesicht konnte ich unter den Rüschen der Haube wenig sehen, aber sie hielt einen Arm seltsam abgewinkelt vom Oberkörper. Als sie ging, zog sie ein Bein nach. Der ergraute Mann an ihrer Seite fasste sie um die Taille und stützte sie. Da er sehr groß war, musste er sich bücken, um sie zu halten. Er wies auf irgendetwas in meinem Rücken, es musste die GRID sein, und sie drehte sich um. Nur einmal in meinem Leben hatte ich so strahlend blaue Augen gesehen. Es konnte sie einfach kein zweites Mal geben. Die Frau blieb stehen, blickte mich an, schien die Stirn zu runzeln, und plötzlich war es, als ob die Sonne die Wolken durchbrach und ein Lächeln auf ihr Gesicht zauberte. Dann sah sie an mir vorbei. Die Augen richteten sich auf etwas hinter mir. Der rechte Wangenmuskel zuckte und sie setzte sich mühsam wieder in Bewegung. Ich hörte, wie sie sagte: »Komm, Jan, wir gehen. Ich habe gesehen, was ich sehen wollte. Nun ist es gut.« Wieder einmal fragte ich mich, ob ich mir laut gesprochene Worte einbildete, oder ob wirklich jemand etwas gesagt hatte.

Eine helle Kinderstimme rief: »Mama, warte auf uns.« Alke und Gredje kamen an Land. Letztere, mein ältestes Kind, hielt krampfhaft einen Korb an einem Henkel in der elfjährigen Hand, in dem es heftig rumorte und aus dem ein wütendes Fauchen ertönte. »Ruhig, Traugei. Bald darfst du raus«, sagte sie. Ich drehte mich um und kniete nieder, um die beiden Mädchen in meine Arme zu nehmen. Eine kräftige Hand packte den Korb, bevor dieser mit einer schwarz-weißen, sehr unleidlichen Katze auf den Boden knallte. »Danke«, murmelte ich, ohne hinzuschauen, in Richtung des hilfreichen Matrosen.

Neben mir räusperte sich jemand. Ich stand auf, klopfte mir den Straßenstaub vom Rock ab und ergriff rechts und links je eine Kinderhand.

Das Paar war verschwunden, als sei es nie da gewesen.

Vor mir stand ein Mann, der so groß war, dass ich zu ihm hochschauen musste. Er kniff grünliche Augen in einem gut geschnittenen Gesicht zusammen und musterte mich durchdringend. Ein Kribbeln im Bauch und ein Ziehen in meiner Brust setzten schlagartig ein. Das darf nicht wahr sein, dachte ich. Das konnte nicht sein.

»Haben wir uns schon einmal gesehen?«, fragte er. »Ihr müsst Grid Vermoeulen sein, denn ich soll hier eine Frau mit zwei Kindern treffen. Ihr kommt mir bekannt vor, aber Euer Name sagt mir nichts.«

»Ja, ich bin Grid Vermoeulen, und das sind meine Töchter. Nochmals Dank, dass Ihr den Kater aufgefangen habt. Und nein, wir kennen uns nicht. Ich komme aus London.«

»Dann will ich mich vorstellen. Hinrich Lütz ist mein Name. Quentin Mercator schickt mich, um Euch abzuholen und nach Bremen zu begleiten. Ich habe Dokumente, die die Richtigkeit meiner Worte beweisen.«

Hinrich Lütz, ausgerechnet Hinrich Lütz musste es sein, der mich abholte. Es war unfassbar. Mir wurde bei seinem Anblick leicht schwindelig und ich fühlte mich hilflos.

Er war älter geworden, mit wettergegerbten Falten auf der Stirn und in den Augenwinkeln. Die Haare waren jetzt kurz geschnitten, er war bartlos wie früher, aber sein Gesichtsausdruck war heute nicht verbissen. Freimütig und offen, aber wachsam, lächelte er mich an. Die kantige Kinnpartie zeugte immer noch von Willensstärke. Mir stand der Mann gegenüber, nach dem ich mich, als wir vor einer Ewigkeit jung waren, auf dem Weg zum Haus der Witwe von Essen im Bremer Stephaniviertel, immer umgedreht hatte. Alles, was ich vor Jahren erlebt hatte, war wieder da, und ich schwankte leicht.

»Hoppla, da spürt wohl jemand noch das Wasser des Kanals unter sich.« Er griff meinen Ellenbogen, um mich zu stützen. Seine Berührung jagte mir einen Schauer durch den ganzen Körper. Mir wurde schwarz vor Augen.

»Mädchen, nehmt mal den Korb zurück. Ich muss eure Mutter auffangen, bevor sie ohnmächtig auf den Boden kippt«, war das Letzte, was ich hörte.

Als ich wieder zu mir kam, lag ich auf einem der Stoffballen, die schon vom Schiff an Land gebracht worden waren. Meine Töchter blickten mich ängstlich an.

»Alles ist gut«, stammelte ich. »Macht euch keine Sorgen. Es ist wirklich so, dass ich mich noch nicht daran gewöhnt habe, wieder festen Boden unter den Füßen zu haben.«

Hinrich Lütz reichte mir einen Becher. Es war, als ob sich alles wiederholte, denn unsere Finger trafen sich, der Becher entglitt meiner Hand und zersprang auf dem Boden. »Kennen wir uns wirklich nicht? Ich hole neuen Wein. Bleibt liegen.«

Wie im Zeitraffer war ich fünfzehn Jahre alt und zum ersten Mal verliebt. Dann war ich ein Jahr älter und hatte die schrecklichsten Tage meines Lebens hinter mir. Um mich tanzte eine jubelnde Menge beim Feuertod meiner Großmutter. Hinrich Lütz war betrunken und drohte seiner Frau, die ihr kleines Kind auf dem Arm hatte, sie der Hexerei anklagen zu lassen.

Mir wurde erneut schwindelig. Ich konnte nur hoffen, dass Gott verhindern würde, dass er mich erkannte. Denn wenn er wusste, dass ich Wübke war, dann kannte er die ganze Geschichte. Das würde alles zum Einsturz bringen, was die Witwe von Essen für mich getan hatte.

Dieses Mal behielt er den Becher in einer Hand und schob die andere zwischen meine Schulterblätter. Er stützte mich und flösste mir langsam ein paar Schlucke ein. Ich meinte, selbst die Narben an seinen Fingern noch zu kennen.

»Ich habe in einem Gasthof zwei Straßen von hier entfernt Zimmer gemietet. Die ganze Fracht ist noch nicht da. Wir werden in zwei Tagen die Fahrt mit einem Schiffsverband von drei neuen Frachtschiffen, teils bestückt mit Kanonen für den Fall eines seeräuberischen Überfalls …« – bei diesen Worten zog er seine rechte Augenbraue in die Höhe – »… und sechs alten Handelskoggen nach Emden fortsetzen. Später geht es auf dem Landweg nach Oldenburg. Von dort aus weiter nach Elsfleth, wo wir wieder auf die Schiffe treffen, die am Jadebusen vorbei, stromaufwärts in die Weser kommen. Euer Gemahl wird in Bremen auf Euch warten.

Ich verlasse Euch kurz vorher an der Anlegestelle Altenesch. Quentin Mercator hatte ein brandiges Bein, als ich ihn verließ. Ich hoffe, dass es ihm besser geht. Mein Stiefvater ist ein alter Haudegen. Er wird es schon geschafft haben. Ihr kennt ihn doch persönlich, oder?«

»Vor Jahren haben wir uns gesehen. Das stimmt.«

»Er ist ein guter Mensch. Als ich in meiner Jugend ins Straucheln kam, nennen wir es einmal so, hat er mich zur Raison gebracht. Ich werde ihm dafür immer dankbar sein. Obwohl ich nicht sein leiblicher Sohn bin, hat er mich stets als solchen behandelt. Ich kenne seine Geschäfte und bin inzwischen Teilhaber. Somit weiß ich also auch um Eure Transaktionen. Wenn es darum geht, diesen hochmütigen, raffgierigen Bremer Kaufleuten ein gutes Geschäft abzujagen, bin ich dabei. Dann heiligt der Zweck die Mittel.«

Weil ich gerade mitten in meiner Vergangenheit war, musste ich an das Fest des Isen von Erich Hoyer denken. Hochmütig waren sie wirklich, die reichen Bremer. Hinrich Lütz redete weiter.

»Aber, abgesehen von Eurem kleinen Schwächeanfall, Ihr scheint ja nicht zimperlich zu sein.«

»Wieso zimperlich?«

»Ihr wisst doch um die Beschaffung der Waren.«

Ich schluckte. So genau hatte ich nie wissen wollen, woher die Güter kamen, an deren Wert ich beteiligt war. Mercator hatte meinen Segen für seine Machenschaften, und ich hatte zu Beginn der Zusammenarbeit gesagt, dass ich nie fragen würde, ob ein Schiff ohne sein Zutun gestrandet wäre. Ich freute mich über mein wachsendes, eigenes Vermögen.

»Lasst uns bitte in den Gasthof gehen. Wir sind erschöpft von der Reise, und es steht uns ja noch einiges bevor.«

Wochen zusammen mit Hinrich Lütz, dachte ich, standen mir bevor. Und dann würde ich Ferdinand wiedersehen.

Alke quengelte, dass sie müde war, und wollte nicht mehr laufen. Der Mann sah mich fragend an. Ich nickte. Er hob meine sechsjährige Tochter hoch und legte sie sich über die Schulter. Wie damals die Bretter, schoss es mir durch den Kopf. Sie quietschte vor Vergnügen, strampelte mit den Beinen und hämmerte mit ihren kleinen Fäusten auf seinen Rücken.

Als meine Töchter und ein zwischen sie gekuschelter Traugei endlich eingeschlafen waren, griff ich meinen Umhang. Leise schlich ich mich aus dem Zimmer.

Es war leichtsinnig, doch ich ging unbegleitet in der Dunkelheit zurück zum Hafen und starrte auf die GRID. Stumm, in jeder Beziehung, lag sie da. Ich war immer Wübke geblieben, das war mir so bewusst wie nie.

Seit langer, langer Zeit musste ich weinen.

Ich weinte, weil ich nicht wusste, ob diese Frau mit den strahlend blauen Augen eine Einbildung gewesen war, weil ich sie sehen wollte.

Ich weinte über das Wiedersehen mit meinem Mann, denn ich wusste nicht, ob wir wieder zueinander fänden.

Ich weinte über die vor mir liegenden Tage mit Hinrich Lütz, denn das immer wiederkommende Kribbeln und Ziehen in mir verriet, dass etwas geschehen würde. Als der Mann vor mir stand, war er der letzte Mosaikstein, der noch fehlte, um mich zu zwingen, vieles und alles zu überdenken. Dabei ging es gar nicht um ihn, sondern um die Möglichkeiten, welche in meinem Leben noch kommen könnten, redete ich mir ein. Ich war jetzt einunddreißig Jahre alt und versuchte, mir Gredje von Essen in diesem Alter vorzustellen. Sie brachte mir damals die Anfänge des Lesens und Schreibens bei und hatte gerade ihre Liebe zu Jan Vasmer entdeckt. Plötzlich wusste ich, dass Hinrich Lütz mich an ihn erinnerte. Er war dem Geliebten meiner Herrin ähnlich. Nicht nur in seiner Statur, sondern auch in seinen Gesten und seiner Sprache. Mein Schluchzen wurde heftiger, weil ich wusste, dass ich, schon wegen unserer Töchter, bei Ferdinand bleiben musste.

Ich weinte auch bei dem Gedanken, was ich tun sollte, wenn wir Bremen erreichten. Ich würde die Stadtmauer, die Befestigungsanlagen und die Zwingertürme sehen, vielleicht sogar das Dach meines einstigen Zuhauses; ich würde die Kirchtürme und die westliche und die östliche Vorstadt sehen; aber ich durfte nicht über die Brücke und durch keines der Tore, geschweige denn durch eine der Pforten in die Stadt gehen. Die Sehnsucht nach meiner Kindheit zerriss mir das Herz. Aber es ging nicht. Wir würden Quartier in der Neustadt beziehen, wo mein Mann bereits auf uns wartete. Wenn Ferdinand sich mit seinen Handelspartnern in Bremen traf, musste ich Übelkeit vortäuschen, um ihn nicht begleiten zu müssen. Ich würde ihn bitten, in die Stephanikirche zu gehen. Er sollte dort für mich beten, wie auch für den Weinkaufmann Nuralf von Essen, dessen nie geborenen Sohn und dessen Witwe.

Ich stellte mir die Stadt vor, die wie eine Birne am Fluss liegt. Ich sah die langen, fast geraden Straßen und die verwinkelten Gassen mit den windschiefen Häuschen, die sich gegenseitig stützen. Ich sah den Marktplatz, das Rathaus und die Rolandstatue. Ich hörte die Geräusche, wie an meinem ersten Tag in Bremen. Heitere Bilder drängten auf mich ein, und ich war wieder ein Kind. Im Geist ging ich alle mir bekannten Wege ab. Die Sonne schien, und die Menschen waren freundlich.

»Wübke Gerken, Ihr solltet Euch nicht nachts in einer fremden Stadt am Hafen herumtreiben. Hier habt Ihr ein Taschentuch.«

Hinrich Lütz stand vor mir.

»Nennt mich nicht bei diesem Namen, der nicht meiner ist!«, giftete ich ihn an. »Ich bin Grid Vermoeulen.«

Hinter mir tuschelten zwei meiner Schattengestalten, und die Dritte rannte ein Stück voraus, an uns vorbei, drehte um und wurde wieder eins mit den Rockfalten.

30. März 1580
Am Lindenbaum

Nachdem ich tagelang nicht mehr alleine für mich war, hatte ich heute meine Töchter sich selbst überlassen und mich vom Gasthaus und den Wagen entfernt. Aber nur so weit, dass ich noch Stimmen und das geschäftige Poltern der Fuhrleute hörte. Wir würden in wenigen Stunden Elsfleth verlassen, um dann auf der Weser nach Bremen zu segeln.

Eine blasse Sonne schien vom Himmel. Ich saß an den Stamm einer Linde gelehnt im Gras, öffnete die Bänder meiner Haube, zog sie vom Kopf und mit dem leichten Wind, der jetzt durch meine Haare fuhr, wich langsam die Anspannung in mir. Seufzend schloss ich die Augen, schlang die Arme um die Knie und ließ meinen Kopf darauf sinken. In meinem Schoß lag eine Bibel. Meine Gedanken wanderten zu den letzten Tagen.

Tage zuvor in Rodenkirchen in der Wesermarsch

Hinrich Lütz begleitete mich an dem Abend in Rotterdam schweigend zurück zu unserer Unterkunft. Bevor er ging, drückte er mir einen schweren, in ein Leinentuch eingehüllten Gegenstand in die Hände. »Lest es sorgfältig«, waren seine Worte. Ich war zu verblüfft, um zu fragen, was ich damit sollte, oder warum er es mir gab. Immerhin hatte ich einen Dank hervorgebracht. Wie ich später feststellte, war es die Heilige Schrift in einer sehr kostbaren Ausgabe.

Ich sah ihn erst wieder, als wir in Emden von Bord gegangen waren, von wo aus wir auf dem Landweg weiterreisen würden. Es war, als ob er noch dieselbe Kleidung wie vor so vielen Jahren anhatte. Nur, dass er über dem Leinenhemd jetzt eine Lederjoppe trug und auf dem Kopf einen Hut hatte.

Er saß auf einem kräftigen, rotbraunen Pferd, das ihm auf leichten Zügelruck gehorchte. Ein großer schwarzer Hund einer undefinierbaren Rasse umsprang beide mit aufgeregtem Bellen. Die drei bildeten so eine Einheit, dass ich vermutete, dass man ihm die Tiere aus Altenesch geschickt hatte. Alke fragte ihn mit Hoffnung in der Stimme, ob sie auch einmal reiten dürfte. Er antwortete, das müsste sie ihre Mutter fragen.

Ich beneidete meine Tochter um ihre Unbefangenheit. Sie durfte kindlich einfach diesen Wunsch äußern. Zwischen Hinrich Lütz und mir spürte ich eine Spannung, die wie ein strammgezogener Faden vibrierte. Er musterte mich mit einem Ausdruck im Gesicht, den ich nicht deuten konnte. Damit er blieb, bat ich um seine Begleitung, da ich die Große Kirche des Ortes besuchen wollte. Vielleicht würde ich im Gebet Ruhe finden und meine verwirrten Gefühle ordnen können. Mein Glaube an die Kirche war erschüttert, doch nicht Gott war verantwortlich für die schlimmen Dinge, die einem widerfuhren, sondern die Menschen, die sie im Namen des Herrn taten.

Im Haus meiner Schwiegereltern wurde Deutsch gesprochen, von daher konnten meine Töchter mühelos den Worten des Predigers folgen. Gredje betete wie immer inbrünstiger als Alke. Mehrfach musste ich meine Jüngste streng anblicken, damit sie das Vaterunser mit dem nötigen Ernst sprach. Hinrich Lütz saß neben mir im Gestühl. Seine Gegenwart war so wohltuend, dass es mich ängstigte.

Als wir die Kirche verließen, wartete dort ein dünner Mann, dessen Gesicht mich an einen Fuchs erinnerte. In London stieß man ständig auf diese mir unheimlichen, hundeähnlichen Viecher, die die Straßen nach Nahrung durchstreiften. Der Eindruck wurde noch durch seine Kleidung verstärkt. Er trug einen Fellmantel, der trotz seiner Verdrecktheit rötlich schimmerte. Dieselbe Farbe hatte auch sein langes, spärliches Haar, das er zu einem Zopf zusammengezurrt hatte. Der Mann war ohne Schuhe unterwegs, denn um die Füße waren die Schwänze der erlegten Tiere wie eine Art von Stiefeln gewickelt. Ich zuckte zusammen, als er auf uns zukam. Die Stimme passte überhaupt nicht zu dem zerlumpten Aussehen, denn er klang gebildet, als er Hinrich Lütz ansprach.

»Ich habe Nachrichten für Euch von Quentin Mercator.«

»Geht es meinem Stiefvater besser?«

»Das Bein musste nicht abgenommen werden, doch die Wunde heilt langsam. Da die Verletzung bis auf den Knochen ging, wird es steif bleiben. Eigentlich wollte er zu uns kommen, doch Ihr kennt Eure Mutter. Ich höre sie bis hier ihr Zetermordio schreien, dass er im Bett bleiben soll. Darum müsst Ihr jetzt in Rodenkirchen helfen. Euer Quartier wird bei Tie Hoddersen und seiner Frau Becka sein. Sicherlich brauchen wir nicht länger als zwei Tage zur Regelung einer dringlichen Angelegenheit. Es geht nicht ohne Euch. Alles Weitere erfahrt Ihr dann, wenn wir uns wiedersehen.«

Mit diesen Worten, begleitet von einer angedeuteten Verbeugung, verabschiedete sich der Fuchsmann und ging.

Ich blickte fragend zu Hinrich Lütz hoch. Er schien zu grübeln, doch er antwortete mir.

»Wir ändern die Reiseroute. Vielleicht habt Ihr später noch einmal Gelegenheit Oldenburg zu besuchen. Die Vorfahren von Quentin Mercator kamen aus dem Volk der Stedinger, die ihre Wurzeln bei den Rüstringer Friesen haben, die in der Wesermarsch beheimatet sind. Nach der großen Schlacht von Altenesch haben sich Überlebende in das Stadland retten können und sind dort ansässig geworden. Mein Stiefvater steht noch in engem Kontakt mit einigen Familien. Er zählt sie zu seiner Verwandtschaft. Ich kenne die Hoddersens. Tie ist ein Freund. Auch wenn es für Euren Geschmack dort ärmlich sein wird, Madame Vermoeulen, man wird Euch und Eure Töchter dort herzlich aufnehmen. Es tut mir leid, dass Ihr durch diesen Umweg Euren Mann wohl erst eine Woche später treffen werdet.«

Gredje murmelte leise: »Mein Vater, und ich vermisse Großmutter Mieke.« Ich drückte sie an mich, denn ich verstand die Sehnsucht nach ihrem Zuhause. Alke fragte mich, wer die Stedinger waren, und ich wiederholte die Geschichte, die mir der alte Handelsherr vor so vielen Jahren erzählt hatte.

Ein kalter Wind begleitete unseren Aufbruch. Ich war damit beschäftigt, die Mädchen in warme Decken zu hüllen. Der Kutscher war schweigsam. Er antwortete einsilbig auf Alkes Fragen, wie die Reise verlaufen würde, ob er die Route schon oft gefahren wäre und wie lange es dauerte, bis wir dort ankamen, wohin wir wollten.

Vor fünfzehn Jahren hatte ich mit jeder Radumdrehung, die mich von Bremen entfernte, leichter geatmet. Jetzt war es umgekehrt. Meine Beklommenheit wuchs, und ich war fast dankbar für einige zusätzliche Tage Schonfrist, bis ich vor den Mauern meiner Heimatstadt stehen würde.

Nach unserem ersten Reisetag an Land kampierten wir abends auf einem freien Feld. Verstreut lagen mit Moos bewachsene Felsbrocken neben uns. Es sah aus, als ob Riesenkinder mit den Steinen gespielt und sie wahllos von sich geschleudert hatten. Alke öffnete, wie immer um diese Zeit, den Käfig von Traugei für seinen Freigang. Auf der GRID hatte der Kater nachts im Unterdeck erfolgreich Mäuse gefangen, die nicht selten als Geschenk auf den Schlafstellen meiner Töchter endeten. Alke hatte mit der Zeit ihre anfänglichen Bedenken verloren, dass er über Bord gehen könnte.

Am nächsten Morgen war das Tier nicht da. Sie rief ihn immer verzweifelter, doch er blieb verschwunden. Bevor ich Alke halten konnte, kletterte sie aus dem Wagen und rannte barfuß im Nachthemd in die kühle, dunstige Morgendämmerung. Ihr klägliches Rufen entfernte sich und wurde leiser. Gredje wies ich an, sich nicht zu rühren. Schlaftrunken nickte sie. So schnell ich konnte, griff ich meinen Umhang, und lief Alke, ebenfalls ohne Schuhe, hinterher. Sie wurde von einer Nebelschwade vor meinen

Augen verschluckt. Wie in einem Albtraum rannte ich und konnte sie nicht greifen. Ich prallte gegen einen der Megalithe. »Alke, verdammt, bleib stehen. Der Kater kommt schon wieder«, schimpfte ich laut. Hinter mir hörte ich die Geräusche der erwachenden Menschen und Tiere unseres Reisetrosses. Vor mir verdichtete sich eine weiße Wand, die alles an Lauten verschluckte. Ich sank auf das kalte, glitschige Monument, rieb mir mein Schienbein und fing inmitten der wabernden Schleier, zwischen diesen bizarren Steinen an zu weinen. Das schien das Einzige zu sein, was ich zurzeit konnte. Weinen. Dann rannte etwas an mir vorbei. Ich roch getrockneten Schlamm und stinkenden Atem. Eine ärgerliche Stimme rief: »Bei Fuß, Brill. Sofort.« Was weiter folgte waren Flüche, wie ich sie noch nie gehört hatte.

Nach Minuten, die sich zu Stunden dehnten, standen sie dann vor mir: Hinrich Lütz und eine zitternde Alke, die ihre Finger fest in die Nackenhaare seines Hundes krallte. Ich hatte noch nie die Hand gegen meine Töchter erhoben, doch jetzt hätte die Kleine die erste Ohrfeige ihres Lebens bekommen, wenn er nicht meinen Arm abgefangen hätte. Da das Mädchen zu Boden blickte, sah sie meine ausholende Bewegung nicht. Er hob das Kind hoch und trug sie zum Lager. Brill wedelte mit dem Schwanz.

»Wie kann man einen Hund nur nach einer Pforte benennen?«, fragte ich und biss mir sofort auf die Unterlippe.

»Madame Vermoeulen, woher wisst Ihr, was Brill bedeutet?«, fragte er mit einem ironischen Unterton in der Stimme. »Man könnte denken, Ihr seid schon einmal in der Stadt gewesen, in der Ihr bald Euren Gatten trefft.«

Er wurde unterbrochen von Alke, die wieder nach Traugei rief.

Der Kater hätte sich die Freiheit gewünscht, erklärte Hinrich Lütz ihr. Sie sollte nicht auf seine Rückkehr warten. Vielleicht gäbe es in Bremen einen Hund für sie und ihre Schwester. Er war einmal in der Stadt gewesen, als er ein Winseln gehört hatte. Hinter einem Durchbruch sah er einen Welpen, der so schwach war, dass er kaum sitzen konnte. Er hatte ihn mitgenommen und großgezogen. Inzwischen begleitete ihn schon dessen Enkel.

Alkes Ungehorsam, wenn es überhaupt einer war, endete damit, dass erst sie und dann ich eine üble Erkältung bekamen. Gredje blieb verschont. Sie pflegte uns, indem wir Wickel gegen die Halsschmerzen angelegt bekamen und warmes Honigwasser tranken. In einer besonders kalten Nacht, in der Alke noch mehr hustete als sonst, wurde die Wagenplane zurückgeschlagen, der Boden wackelte und ein struppiger Hundekörper quetschte sich zwischen uns. Brill legte sich dicht an Alkes Rücken. Ich atmete durch den Mund, denn sein Gestank war bestialisch. Die Plane wurde wieder festgezurrt. Meiner Tochter ging es am nächsten Morgen wesentlich besser, und ich sehnte mich nach dem vergleichsweise wohlriechenden Kater zurück.

Nach vier Reisetagen näherten wir uns einem Dorf, dessen Gehöfte um einen Hügel lagen, auf dem eine Kirche stand. Das kreuzförmige Gebäude aus Stein war stattlich, aber ich vermisste einen hohen Glockenturm. Ärmlich gekleidete Kinder liefen uns entgegen. Ich konnte mir vorstellen, dass es in diesem einsamen Ort eine willkommene Abwechslung sein musste, wenn Durchreisende Neuigkeiten aus der Welt mitbrachten.

Vor einem Bauernhof mit einer Scheune gab Hinrich Lütz das Zeichen zum Halt. Die Fuhrleute wies er an, auf einer nahegelegenen Wiese zu lagern, auf der einige knorrige Apfelbäume standen. Durchgerüttelt von der Fahrt kletterten meine Töchter und ich ungelenk vom Wagen. Aus der hohen, doppelflügeligen Tür des Hauses traten ein Mann und eine Frau.

Um zu den leicht erhöht stehenden Gebäuden zu kommen, mussten wir einen Graben überqueren. Die Wasseroberfläche war schleimig grün. Brill sprang hinein, schwamm auf die andere Seite und kletterte heraus, während wir über eine schmale Holzbrücke gingen. Als der Hund sich schüttelte, spritzten nach Kloake stinkende Tropfen auf meinen Umhang. Bevor ich losschimpfen konnte, legte Hinrich Lütz mir beschwichtigend eine Hand auf die Schulter.

»Diese Graft hält den Boden unter dem Haus trocken und dient der Verteidigung des Hofs. Entspannt Euch, Madame Vermoeulen. Das ist nicht der letzte Dreck, der Euch begegnen wird. Das grüne Zeug, Entenflott, ist ein Gewächs, das oft in stehenden Gewässern zu finden ist. Wenn es gar nichts mehr zu essen gibt, und bevor niemand etwas zu beißen hat, wird es getrocknet und kommt auf den Tisch. Auch das Vieh frisst es.«

Ärgerlich wollte ich etwas erwidern, wollte ihm sagen, wie sehr mir sein Köter zuwider war, doch da das Paar jetzt direkt vor uns stand, verkniff ich mir die Worte.

»Hinrich, wir haben uns lange nicht gesehen. Es freut mich, dass du bei guter Gesundheit bist. Wir hatten einen harten Winter, denn das meiste von unserem Getreide wurde durch eine Mäuseplage vernichtet. Aber dank den anderen Geschäften konnten wir das Notwendige aus Ovelgönne und Brake beschaffen. Meine Familie musste nicht zu viel Hunger leiden.«

Zur Begrüßung umfassten die Männer sich gegenseitig am rechten Unterarm.

Das sind unsere Gastgeber, überlegte ich. Dabei betrachtete ich neugierig die hagere Frau, die jünger war als ich. Sie erinnerte mich an Beke, die Dienstmagd, die mich damals im Haus am Geeren 28 freundlich willkommen geheißen hatte. Doch dieses Gesicht war hohlwangig und zeugte von Entbehrungen.

»Mein Name ist Becka Hoddersen. Ich freue mich, dass Ihr Gäste in unserem bescheidenen Heim seid. Entschuldigt schon jetzt, aber wir haben nur einen Raum, in dem wir, das Gesinde und die Tiere leben. Ich sage Euch auch gleich, dass die Suppe mit Wasser gestreckt ist.«

»Ich bin Grid Vermoeulen. Das sind meine Töchter Gredje und Alke. Wir haben geringe Ansprüche und sind dankbar für eine Nacht unter einem richtigen Dach«, antwortete ich ihr.

»Dann seid willkommen. Das Gewusel da sind meine fünf Kinder: Siabbe, Boicke, Ede, Imme und Metta.«

Ich konnte sie, genauso wie ihren Mann, nicht gut verstehen, denn beide sprachen mit einem starken Dialekt.

Becka Hoddersen erzählte an dem Abend von ihrer Heimat. Sie war in dem unweit gelegenen Flecken Strohhausen geboren und hatte diesen Landstrich noch nie verlassen. Oldenburg müsste schön sein, vermutete sie, und Bremen prächtig. »Aber hier komme ich her und hier bleibe ich. Unser Wahlspruch lautet: *Lewer dod as Sklav*. Nun ja, leider sind wir unfrei, doch wir wissen uns zu wehren.«

Was ich dann bruchstückhaft mitbekam, war die Schilderung eines Kampfes, unweit von hier, vor knapp siebzig Jahren. Er musste ähnlich verlaufen sein wie das Gemetzel bei Altenesch.

»Der Graf von Oldenburg versammelte sich mit seinen Verbündeten im eiskalten Januar 1514 zu einer letzten Beratschlagung im Paulskloster vor den Toren Bremens …«

Mich durchzuckte schmerzlich der Gedanke, dass sich Gredje Using, Jahre später, in den Ruinen des einstigen Konvents mit ihrem Geliebten, Dietrich Vasmer, getroffen hatte.

»Das Heer ist schwer bewaffnet gegen die nur mit Forken und Sensen ausgerüsteten Bauern marschiert. Die hatten zur Verteidigung flussseitig einen Wall aus Eisschollen gebaut, doch die Angreifer kamen in ihrem Rücken über das gefrorene Moor. An der Hartwarder Landwehr konnten meine Urgroßväter und all die anderen dem Ansturm nicht standhalten und unterlagen. Ein Gutes hat es aber gehabt. Das Grafengeschlecht, welches uns nun unterdrückt und ausbeutet, hatte erkannt, wie wertvoll Land ist. Unser Stadland und das angrenzende Butjadingen waren über Jahrhunderte durch immer wiederkehrende Sturmfluten zu Inseln geworden. Im Winter ist jetzt jeder Hof dafür zuständig, ein Stück Deich entlang der Weser instand zu halten oder neu zu bauen. Wir bannen das Wasser und treiben es zurück in die Nordsee. Je nach den Gezeiten öffnen sich Sieltore, damit es in Kanäle zwischen den Wiesen abfließen und dann versickern kann. So gewinnen wir saftige Weiden für das Vieh. Selbst die Allerheiligen-Flut vor zehn Jahren haben wir fast unbeschadet überstanden. Der Verlust an Mensch und Tier war gering.«

In der Nacht bekam ich wenig Schlaf. Immer, wenn ich einnickte, wurde ich wieder wach, denn irgendjemand schnarchte, ein anderer drehte sich auf dem knarrenden Strohsack um, andere Schlafende furzten mit einem zufriedenen Seufzer. Dazu kam das Muhen der vier Kühe, die rechts und links vom Dieleneingang festgebunden waren. Ich konnte mich nicht entsinnen, jemals so ein ärmliches Leben gesehen zu haben. Doch dann fiel mir die Kate meiner Großmutter ein. Dort war ich glücklich gewesen. Plötzlich beneidete ich die Hoddersens, die mit dem Wenigen, was sie hatten, zufrieden schienen. Ich hingegen lebte vergleichsweise in Reichtum, musste keinen Hunger leiden, hatte auch eine Familie, aber meinem Leben fehlte etwas. Die Überlegung, wie Hinrich Lütz wohl schlief, trug ebenfalls nicht dazu bei, ruhen zu können. Er hatte erklärt, die Nacht über bei den Wagen bleiben zu wollen. Sicher vermisste er seine Frau und das Kind, oder vielleicht hatten sie inzwischen schon mehrere, dachte ich, und stellte ihn mir als Vater vor. Alkes Herz hatte er bereits erobert, denn sie winkte immer begeistert, wenn sie ihn sah.

Am nächsten Morgen schien die Sonne, doch die Luft war recht kühl. Hinrich Lütz kam, um die Familie Hoddersen und uns zum Gottesdienst zu begleiten.

»Ich habe kein frisches Fleisch mitgebracht, denn bei meinem letzten Besuch, hast du berichtet, Tie, dass die Schweinekeule, die im allgemeinen Räucherhaus unterhalb der Kirche hing, jeden Tag weniger wurde.« Er wies die ihm folgenden Knechte an, zwei Kornsäcke und einen geräucherten Schinken an Becka Hoddersen zu übergeben. Ihr Gewusel von Kindern, wie sie es nannte, bekam beim Anblick des Fleisches große Augen. Die Bäuerin schnitt sofort ein paar Scheiben ab. Ich gab meinen Töchtern ein Zeichen, dass wir kein Stück annehmen würden. Uns knurrte der Magen, denn die Suppe vom Vorabend war wirklich mehr Wasser als alles andere gewesen, und der gekochte Fisch zum Frühstück bestand fast nur aus Gräten, aber die Familie hatte die Nahrung nötiger als wir. Wahrscheinlich war es Einbildung, dass Hinrich Lütz mir anerkennend zunickte.

Der Bauer verkündete: »Nach dem Gottesdienst findet ein Wettkampf statt. Die Männer haben lange ihre Kräfte nicht mehr gemessen. Verpflegung haben wir nicht, aber Bier ist genug da.«

Langsam gingen wir die steile Anhöhe zur Nordseite der Kirche hoch. Die Bäuerin war sehr stolz auf das Gotteshaus.

»Es ist uns Freude und Rettung zugleich. Unsere Vorfahren haben Kleieboden und Mist zu dieser Erhebung, der Wurt, aufgeschüttet. Bei nahenden Wassermassen suchen wir hier Schutz, da St. Matthäus hoch über allem liegt. Wenn wir bedroht werden, ist das Gemäuer eine Feste zum Verschanzen. Die reiche Familie Dettmer wünscht sich einen besonders schönen Altar, doch sie haben noch nicht den richtigen Schnitzer gefunden. Eine Orgel, das soll ein Instrument sein, auf dem man himmlische Weisen spielen kann, haben wir auch nicht. Darum singt für uns die Glocke – unsere Maria. Hört Ihr ihren Ruf?«

Mir erschien der Ton eher blechern. Ich erinnerte mich an die satten Klänge aus den Türmen der vielen Londoner Kirchen. Ganz weit weg in meinem Gedächtnis schlug ein Klöppel gegen eine andere Glocke. Die Witwe von Essen hatte mich einige Male mit zum Haus ihres Bruders in das Martiniviertel genommen. Ich stand dort als Kind vor der Kirche und lauschte der Susanna. Wie gern würde ich sie noch einmal hören. Aber der Rat hatte mir untersagt, Bremen jemals wieder zu betreten.

Ein dünner Pastor im Talar mit einer bescheidenen Halskrause stand an der Tür. Er begrüßte jeden Kirchgänger vor uns mit Namen und Handschlag. Es war der Fuchsmann, der in Emden verlangt hatte, dass wir diesen Umweg machen sollten. Bevor ich etwas sagen konnte, schob Hinrich Lütz mich in die Kirche.

Nach der Andacht versammelten sich die etwa achtzig Dorfbewohner auf einem freien Feld, wo ein Bierfass neben einem Tisch stand, auf dem sich Tierhörner stapelten. Der Pastor schleppte einen Sack an, aus dem er Holzkugeln holte, die kreuzweise eingeschnitten waren. Diese Hohlräume schienen mir mit Blei ausgegossen. Jede Kugel hatte die Größe, um in eine Hand zu passen.

Zwölf Männer, darunter auch Tie Hoddersen und Hinrich Lütz, stellten sich vor dem Pastor auf. Als erstes rief er: »Lüch up un fleu herut!«, dann tauchte er Horn um Horn in das Fass, und jeder Mann leerte mindestens zwei davon in einem Zug. Ich sah Becka Hoddersen fragend an. Sie klärte mich auf – soweit ich sie verstand.

»Jetzt beginnt das Klootschießen. Das Wort kommt von Erdkluten. Früher haben wir Friesen diese Geschosse aus getrocknetem oder gebranntem Lehm eingesetzt, um Gegner zu bekämpfen. Es soll auch jetzt noch manchmal vorkommen ... Heutzutage werden die Kugeln aus Apfelbaumholz geschnitzt. Die Wurftechnik lernen schon die Kinder, denn es dauert lange, bis man sie richtig beherrscht. Es ist in den Wintermonaten Brauch, dass die umliegenden Dörfer untereinander einen Feldwettkampf auf dem gefrorenen Boden austragen. Immer dort, wo der Ball austrüllt, also nach einem Wurf ausrollt, wird neu angesetzt, wieder geworfen und es geht über Stunden immer so weiter. Heute gibt es hier nur einen Standwettkampf. Die Männer nehmen Anlauf, rennen, werfen und wo der Kloot auf die Erde schlägt, da wird er gewertet. Im letzten Jahr haben wir vier Gemeindemitglieder verloren. Zwei haben einen Ball an den Kopf bekommen. Die beiden anderen sind an einem Schnupfen gestorben.«

Die Frauen um uns fingen an, ungeduldig zu raunen. Sie waren fast alle ähnlich mager wie Becka Hoddersen und trugen ähnlich armselige Kleidung.

Auf Kommando des Pastors zogen sich die Männer aus. Erschrocken hielt ich Gredje und Alke meine Hände vor die Augen. Ich selbst hätte mich wegdrehen müssen, doch meine Neugier siegte über meine Schamhaftigkeit. Bis zum Äußersten kam es nicht, denn Hinrich Lütz stand, wie die anderen elf, anschließend im Hemd da. Das war lang genug, dass es bis zur Mitte seiner Oberschenkel reichte. Was ich von seinem Körper sehen konnte, gefiel mir. Jetzt verstand ich auch die Sache mit der tödlichen Erkältung. Die Männer mussten ja krank werden, wenn sie bei den kalten Temperaturen so wenig bekleidet waren.

Der Wettkampf begann. Hinrich Lütz war einer der Älteren unter den Männern, doch ich musste zugeben, dass er einer der geschicktesten Werfer war. Durch ständigen Bierkonsum wurden die Kämpfer immer enthemmter. Sie schrien sich hitzige Bemerkungen über das Unvermögen ihrer Gegner zu, sie bepöbelten sich gegenseitig, wetteten um Hühner auf den eigenen Sieg und wurden dabei so betrunken, dass sie anfingen zu lallen. Mein Herz krampfte sich zusammen, denn Hinrich Lütz wurde wieder zu dem Schreinergesellen auf dem Jodutenberg, der seine Zügellosigkeit auslebte. Die Anzahl der Teilnehmer betrug nur noch fünf, als ihn unvermittelt ein jüngerer Mann mit Fäusten attackierte. Plötzlich hatte der Angreifer ein Messer in der Hand. Er stach auf ihn ein. Ich schrie vor Schreck auf. Tie warf seinem Freund einen seltsamen hölzernen, langen Stecken zu, an dessen Ende ein halbrundes Eisen befestigt war. Die Frauen um mich gerieten in fiebrige Erwartung. In ihrem eintönigen Leben, das nach meiner Einschätzung nur aus Entsagen, Arbeit und Kinderkriegen bestand, musste dieser Tag ein Ereignis sein.

Becka Hoddersen wollte mich beruhigen. »Wenn Hinrich jetzt den Kluvstock hat, dann siegt er. Der ist nicht nur in der Landwirtschaft nützlich, oder um sich über Gräben zu schwingen. Damit kann er sich auch den jähzornigen Frerich Rickleffen vom Hals halten.«

Bevor ich mich umdrehte und meine Kinder mit zum Gehöft zerrte, sah ich noch, wie Hinrich Lütz den Mann auf dem Boden hielt, indem er das gebogene Metall auf dessen Kehle drückte.

Wir verkrochen uns verstört in dem Wagen, der unser Reisegepäck transportierte. Ich hatte die Plane bis auf einen Spalt fast festgezurrt, als Brill mit einem kräftigen Satz in das Wageninnere sprang.

Wenig später hörte ich das Ehepaar Hoddersen mit Hinrich Lütz kommen. Sein Freund Tie war beunruhigt, dass Hinrich diesen Hitzkopf, Frerich Rickleffen, hatte laufen lassen. Ich hörte, wie er fragte, ob das klug gewesen wäre. Sie hätten genügend Waffen: »Du kennst die Aufstellung. Wir haben hier sieben Büchsen, drei Rüstungen und zwölf Spieße, das reicht, um dich wehrhaft auszustatten, wenn der Bursche wiederkommt.«

Als die Abenddämmerung einsetzte, gingen wir über die Graft zu dem Hof. Vorher brach ich von den Bäumen Zweige für die Zahnpflege ab. Meine fest verinnerlichten Regeln der Reinlichkeit hatte ich in den letzten Wochen viel zu sehr schleifen lassen. Gredje und Alke ließen die Prozedur ohne Widerworte über sich ergehen. Dann liefen sie zu den anderen Kindern in das Haus. Ich folgte ihnen.

Hinrich Lütz trat vollständig bekleidet an meine Seite. Sein linkes Augenlid war geschwollen. Die Haut schillerte blaulila und Blutreste waren um die Wunde auf der aufgerissenen Braue. Er kam mir so nahe, dass ich Minze in seinem Atem riechen konnte. »Es waren nur die zwei Bier, die Ihr zu Anfang gesehen habt«, sagte er. In dem Moment taumelte Frerich Rickleffen auf uns zu. Niemand war wachsam gewesen, denn der Mann hatte ungehindert den Raum betreten können. Er hatte wieder ein Messer in der Hand. Seine Worte waren genuschelt, aber deutlich zu verstehen.

»Du hast mich diesen Winter um meinen Anteil betrogen und heute feige gekämpft. Das macht niemand mit mir. Niemand! Ich habe einen Boten zur Feste von Ovelgönne, zum Statthalter von Graf Johann von Oldenburg geschickt. Wahrscheinlich hat der Absen schon verlassen. Ihr fliegt auf. Alle! Ich werde …«

Hinrich Lütz streckte den Mann mit einem Faustschlag nieder und rief Tie Hoddersen zu, dass er sich um den Kerl kümmern sollte. Als er die Diele verlassen wollte, hängte ich mich an seinen Arm. »Was heißt das?«, wollte ich wissen. Da ich nicht losließ, musste ich ihm aus dem Haus folgen. Dabei schlug mein Hüftknochen schmerzhaft gegen sein Schwert. Ich sah ihn das erste Mal bewaffnet. Er hatte es wohl schon die ganze Reise dabeigehabt, denn in der Aufzählung von Tie Hoddersen war davon nicht die Rede gewesen.

Selbst als er auf sein Pferd steigen wollte, klammerte ich mich immer noch an ihn. »Wo wollt Ihr hin?«, rief ich.

Hinrich Lütz stieß mich so kräftig von sich, dass ich unsanft auf meinem Hinterteil im Gras landete. Er ritt, das Tier antreibend davon. Ich meinte noch zu hören: »Meine Freunde retten und Eure Einkünfte sichern.«

Auf dem Weg zurück ins Haus rieb ich mir meine Kehrseite. Becka Hoddersen gab mir einen Humpen mit warmem Bier und ich suchte nach einem Platz zum Nachdenken. Wieder in den Planwagen draußen wollte ich nicht, denn mir war kalt. Zwischen zwei Kühen im Eingangsbereich der Diele, fand ich einen Strohballen, auf den ich mich setzte. Der erste Schluck von dem Bier nahm mir sofort etwas von meinem Hungergefühl. Vor gar nicht langer Zeit hatte ich, beschützt durch die Familie Vermoeulen, ein sorgloses Leben geführt. Es war ein Fehler gewesen, dass ich darauf gedrängt hatte, Ferdinand nachzureisen. Nun saß ich hier ohne meinen Mann; meine Töchter und ich waren dreckig, hungrig und hatten wahrscheinlich Ungeziefer in den Haaren; meine so mühsam verdrängte Vergangenheit holte mich ein; und ich war der Willkür eines Hinrich Lütz ausgeliefert – und dachte viel zu viel an diesen Mann. Ich lehnte mich an den warmen Leib einer Färse. Wie schon einmal vor Jahren, als ich mir zusammengereimt hatte, wie das Geschäft von Quentin Mercator wohl aussah, malte ich mir jetzt aus, was Hinrich Lütz gerade tat.

Er kannte den Weg nach Absen und galoppierte auf dem Pferd durch die anbrechende Nacht. Irgendwann sah er Torffeuer. Gebäude einer Ansiedlung nahmen Gestalt an. Vor einem Haus am Dorfrand brachte er das schwitzende Pferd zum Stehen und führte den Braunen mit beruhigenden Worten zu einem Baum, wo er die Zügel um den Stamm schlang. Das Anwesen war vernachlässigt. Es schien unbewohnt, denn die offene Eingangtür hing schief in den Angeln. Er blickte sich um. Da er niemanden sah und keine verdächtigen Geräusche hörte, ging er hinein und schritt vorsichtig durch die Diele. Vor ihm fiel Fackelschein durch eine geöffnete Bodenluke. Leise rief er: »Spill?« Aus dem Boden kam eine Stimme: »Ich bin hier.«

Der Mann ging durch einen engen Treppeneingang mehrere hohe Stufen hinunter. Dann stand er auf gepflastertem Boden in einem breiten, nicht sehr tiefen Raum. Dieser war ausreichend beleuchtet, sodass er seine Umgebung erkennen konnte. Vor ihm waren vier große, gleichmäßig verteilte Nischen mit einem Rundbogen in das Mauerwerk eingelassen. Zu seiner Linken wurde die niedrige Decke durch zwei Kapitelle getragen. Als er sich umdrehte, sah er in der anderen langen Wand drei weitere Nischen. In den Wandvertiefungen lagerten kleine und große Fässer. Der ganze Raum wirkte klerikal. Das wahrscheinlich auch, weil jetzt aus einer Ecke Pastor Spill zu ihm trat. Der trug wieder den Fellmantel und kein kirchliches Ornat.

»Was macht Ihr hier? Wieso seid Ihr nicht in Rodenkirchen? Ich hätte gleich nach der Andacht mit Euch sprechen müssen. Ist etwas geschehen?«

»Ja, Spill, ist es. Frerich Rickleffen hat gedroht, uns auffliegen zu lassen. Er hat einen Boten zum Drosten von Ovelgönne gesandt, sagte er jedenfalls. Wie lange seid Ihr schon hier?«

»Ich kam noch bei Tageslicht an. Seitdem war kein anderer Mensch da. Außer Euch jetzt.«

In diesem Moment hörte Hinrich Lütz Schritte über sich. Durch einen Fingerzeig wies er den Fuchsmann an, in eine Ecke hinter die Säulen zu verschwinden, in der mit einer Platte geschlossene Steintröge standen. Er stürmte die Treppe hoch und zog das Schwert aus der Scheide. Pastor Spill hörte Kampfgeräusche, heftiges Atmen, dann einen Schrei. Ein Röcheln. Stille.

Hinrich Lütz kam wieder die Treppe herunter. In seinen Gesichtszügen spiegelte sich keine Gefühlsregung wider.

»Spill, wie gut, dass Ihr diese Gruft entdeckt habt. Aber jetzt schafft umgehend den Großteil der Waren hier heraus. Vor die restlichen Fässer lasst die Männer wieder die Sarkophage schieben. Schmeißt die Leiche da oben am besten in einen der Särge. Ich hoffe, das war der Bote, der ein Beweisstück mitnehmen sollte. Um Rickleffen kümmert sich Tie. Ihr müsst bis morgen Mittag fertig sein.«

Der Pastor faltete die Hände zum Gebet, wobei er seine Augen mit einem betroffenen Blick himmelwärts richtete. Seine Reue hielt aber nicht lange an, denn er machte umgehend Pläne für die Verlagerung des Schmuggel- und Kaperguts.

»Hinrich, darum wollte ich Euch sprechen. Ich hatte den Verdacht, dass Frerich Verrat plant. Dem Herrn sei Dank für das Klootschießen. Es ist unchristlich und gehört verboten, aber es hat seinen Zweck erfüllt, denn er hat sich so besoffen, dass er unvorsichtig wurde. Wir bringen die Fässer nach Schwei, weg vom Fluss. Wenn sich eine Woche lang nichts tut, beginnen wir mit dem Verkauf in Ovelgönne. Der Droste bezahlt dann zum dritten Mal seinen Wein.«

»Mir kommen die Tränen. Dieser Lehnsmann, der für den Grafen im Stadland die Gerichtsbarkeit ausübt und protzig in der Burg lebt, hat nichts anderes verdient. Hoffen wir, dass uns nicht noch weitere Männer denunzieren wollen.«

»Tie, Gerrit Tantzen und ich haben alles im Griff. Doch wir brauchten einen der Mercators hier, damit unsere Brüder wieder wissen, wer die Fäden zieht und das Sagen hat. Einer nach dem anderen, der uns im Wege steht, wird verschwinden. Natürlich auf eine gottgewollte Art.«

»Wie sieht es mit der Vertrauenswürdigkeit des zweiten Pastors aus? Wenn ich es richtig weiß, teilt Ihr Euch das Amt.«

»Wilhelm Pimme ist alt. Ich sorge dafür, dass er mindestens alle vier Wochen Gott vor der Gemeinde preisen kann. Die übrige Zeit liegt er im Bett. Meine Pflege ist gut, denn ich heile seine Gebrechen mit Messwein. Meistens ist er benebelt. Vater Unser, verzeih mir, doch ich tue ein gutes Werk.«

»Fuchs Spill, Eure Entsendung hierher war ein Segen für alle, denn Ihr könnt Gott dienen und der Bevölkerung helfen. Ich habe gehört, dass die eine oder andere Magd besonders Eurer geistlichen Unterstützung bedarf.«

»Es ist nun bald zwanzig Jahre her, dass ich durch die Vermittlung von Elisabeth von Bargen, einer Frau, die ich nie getroffen habe, in dieses Dorf kam. Meine Verfehlungen als junger Vikar in der St. Johann-Gemeinde in Bremen waren harmlos. Gut, vielleicht habe ich es mit meiner Zuneigung zu einer Tochter aus der Familie Hemeling übertrieben. Aber ich sehe nun einmal die Damenwelt nicht ungern. Luther hat uns schließlich vorgelebt, dass Enthaltung nicht mehr der Zeit entspricht. Leider sind die Pfründe so gering, dass ich mir keine angetraute Frau leisten kann. Hier habe ich aber meine Berufung gefunden. Ich lobe den Herrn und kann sündigen, denn manchmal ist mir die Kirche nicht genug. Gott versteht das alles.«

Ich blieb lange zwischen den Rindern versteckt. Es kehrte Ruhe ein – eine Ruhe wie in der Nacht davor. Sehr viel später öffnete und schloss sich die Eingangstür. Hinrich Lütz stand mit einer Fackel in der Diele. Sie gab genug Licht um zu sehen, dass sein Hemd blutverschmiert war.

Meine Überlegungen, was er getrieben hatte, mussten ziemlich nahe an der Wahrheit gewesen sein. Wo bin ich nur hineingeraten, fragte ich mich verzweifelt. Wahrscheinlich hatte ich das laut gesagt, denn er kam zu mir.

»Wübke Gerken war ein scheues Kind und Grid Vermoeulen ist eine behütete Frau. Aber … Ihr habt Euch auf unsere Sache eingelassen. Es tut mir leid um Euren Hintern. Ich war in meiner Eile zu grob. Entschuldigt. Doch Ihr seid wie eine Klette gewesen. Nach Absen hätte ich Euch nicht mitnehmen können, denn, was ich tun musste, wollte ich Euch dann doch nicht zumuten.«

»Wenn Ihr wüsstet, was ich gesehen und erlebt habe, dann würdet Ihr nicht um mein Seelenheil besorgt sein«, wisperte ich. In dem Moment stand plötzlich Becka Hoddersen mit einer Kerze vor uns. Sie führte mich zu der Schlafstelle meiner Töchter. Beide schlummerten friedlich. Ein durchdringender Geruch verriet, dass Brill nicht weit war.

Ich schlief sofort ein. Mein Traum war wirr. Er führte mich zurück in den Ostertorzwinger. Dieses Mal war ich es, die nackt und geschunden auf dem Boden lag. Neben mir stand Gredje von Essen, unversehrt, in dem Kleid, das sie zum Isen von Erich Hoyer getragen hatte. Sie wob einen zusammengeknoteten blutroten Wollfaden zu einem Netz zwischen ihren Händen. Dieses Spiel hatten Stine und ich oft gespielt. Wechselseitig hatten wir uns den Fadenring von unseren Fingern abgenommen, um immer neue Figuren zu bilden. Hinrich Lütz kam und trug mich auf seinen Armen aus der Folterkammer.

Einen Tag später verließen wir Rodenkirchen, aber nicht, ohne vorher noch in der Kirche zu beten. Pastor Spill segnete uns. Ich hatte meine Kleidertruhe geplündert, um Becka Hoddersen etwas zum Anziehen dazulassen. Ich gab ihr keine meiner besten Kleidungsstücke. Das tat ich bewusst nicht, denn ihr würden praktische Hemden und Hauben mehr nützen als Brokat und Seide. Gredje und Alke hatten etwas von ihren eigenen Sachen für Metta herausgesucht.

Am Lindenbaum

Da saß ich nun und versuchte nicht über mich selbst nachzudenken, über meine Weinerlichkeit und darüber, dass ich fast mein Kind für eine Nichtigkeit geschlagen hätte. Ich war diejenige, die eine Ohrfeige verdient hatte, kräftiger als alle sechs zusammen, die ich jemals bekommen hatte. Die Nacht, in der Hinrich Lütz nach Absen geritten war, würde ich am liebsten aus meinem Gedächtnis streichen, so als ob sie nie stattgefunden hatte.

Gredje war traurig, ich war verunsichert und Alke war glücklich über die Tatsache, dass sie mit Hinrich Lütz auf seinem Pferd reiten durfte.

Ankunft in Elsfleth am 28. März

Die letzten zwei Tage hatten uns viel abverlangt. Das Schaukeln auf dem Wagen war ermüdend, wir konnten uns nicht richtig waschen, hatten kaum noch Verpflegung und es regnete. Dauerhaft klamme Decken und nie trockene Kleidung ließen uns pausenlos in durchfeuchtete Taschentücher schniefen. Bei Gredje wackelte ein Zahn. Ich hoffte, sie würde ihn nicht verlieren. Sie ertrug die Reise klaglos, doch ich konnte ihre Sehnsucht nach ihrer Großmutter, ihrem Vater und ihrem Zuhause in London förmlich greifen. Sie war ganz anders als ihre kleine Schwester, die gerade ein Abenteuer erlebte.

Ich hatte meine jüngste Tochter ermahnt, Hinrich Lütz nicht mit ihrer Quengelei, wann er denn sein Versprechen aus Emden einlösen würde, zu verärgern. Zum ersten Mal seit unserem Aufbruch in Rodenkirchen kam er zu uns.

»Erlaubt Ihr, Madame Vermoeulen, dass Alke mich begleitet?«, fragte er. »Ich will zum Hafen reiten und prüfen, ob die Handelsschiffe unbeschadet an der Pier liegen, damit wir die letzte Etappe der Reise antreten können.«

Ich musterte ihn kritisch. Unter seinen Augen waren noch Schatten, doch die Schwellung war abgeklungen, Bartstoppeln bedeckten das Kinn, die Haare waren länger geworden und seine Kleidung bedurfte dringend einer Reinigung. Ich konnte noch Reste des Blutflecks auf seinem Hemd ausmachen. Das Schwert war um seine Hüfte gegürtet. Vertrauenerweckend sah Hinrich Lütz nicht aus, doch sein Benehmen seit unserem Wiedersehen war untadelig gewesen, wenn ich von dem heftigen Stoß absah, mit dem er mich auf dem Hof der Hoddersens abgeschüttelt hatte. Warum sollte ich meiner Jüngsten den Spaß verwehren. Ich gab meine Zustimmung: »Nehmt das Kind mit. Du benimmst dich, Alke, tust was er dir sagt und stehst nicht im Weg herum.«

Gredje und ich besserten Risse in unserer Kleidung aus. Danach wies ich eine Magd an, uns ein heißes Bad herzurichten.

Als sie zurückkamen, streckte Hinrich Lütz mir wortlos ein Schreiben entgegen, und meine Tochter plapperte über den Ausritt. Ihre ältere Schwester zog sie zum Zimmer mit dem Waschzuber, denn Alkes blonde Zöpfe starrten vor Dreck. Ich hatte schon seit Tagen Mühe, die Haare durchzukämmen.

Neugierig brach ich das Siegel. Ferdinand hatte mir nur wenige Zeilen geschrieben: Er war wohlbehalten in Bremen angekommen; die Geschäfte waren erfolgreich gewesen; wenn ich den Brief bekäme, dann wäre er vielleicht schon in Hamburg, denn er hatte beschlossen unverzüglich nach Lübeck aufzubrechen; sein Handelspartner Alfred Böhmer würde uns in seinem Haus in der Langenstraße in Bremen erwarten – »Du kannst es nicht verfehlen, denn es hat sechs Stockwerke mit einem Staffelgiebel über vier Geschosse.« Dort lägen alle Anweisungen, wie wir zu ihm kämen, sowie Geld für die Reise bereit.

Ich erbleichte und fing an, innerlich zu beben.

»Kinder, eurem Vater geht es gut. Er ist schon weiter vorgefahren. Es dauert also noch etwas, bis ihr ihn wiederseht«, rief ich, dankte Hinrich Lütz mit einem knappen Kopfnicken für die Nachricht und wollte gehen.

»Einen Moment«, hielt er mich auf. »Ich habe ebenfalls Neuigkeiten. Lasst uns sprechen.«

Ich sah etwas über seine Züge huschen, dass wie Befriedigung aussah.

Widerstandslos folgte ich ihm in den hintersten Winkel des düsteren Gastraums. Er drückte mich auf eine harte Holzbank. Ich zerknüllte das Pergament zwischen meinen Händen.

»Demnächst werden Schiffe von Oldenburg mit dem Ziel französische Küste lossegeln. Die Fracht besteht aus Silber und Fayencen. Ich spreche über ein rentables, anständiges Geschäft. In Rotterdam habe ich die Bekanntschaft mit einem älteren Kaufmann vertieft, der Teilhaber sucht. Ihr habt ihn vielleicht noch am Kai gesehen, da er dort nach unserem Gespräch auf seine Frau warten wollte. Er ist nicht nur ein erfahrener Händler, sondern auch ein guter Kapitän. Ich will mich mit zwei unserer Koggen sowie einer bewaffneten Kraweel der Flotte anschließen und in die Ladung investieren. Wahrscheinlich fahre ich sogar mit. Seid Ihr dabei?«

»Ja!«, sagte ich. Und dann brach aus mir heraus: »Warum wartet Ferdinand nicht auf uns?« Meine Lippen zitterten verdächtig. Ich hatte Angst, dass wieder Tränen flossen. Mein Geflenne musste an seinen Nerven zerren, aber wenigstens hatte ich auf der Reise mit Hand angelegt, und mich nicht wie eine feine Dame benommen, die sich zu schade war. Ich beschimpfte mich stumm als Heulsuse.

Mein Versuch, mich halbwegs würdevoll zu verabschieden, gelang nicht. Er erhob sich und versperrte mir den Weg. Fast schon wütend drückte ich meine Handflächen gegen seine Brust, um Hinrich Lütz beiseite zu schieben. Die Berührung brannte wie Feuer und wie verkohlt sank der Brief meines Ehemanns zu Boden. Der Daumen von Hinrich

Lütz auf meiner Wange war zart wie der Flügel eines Schmetterlings und rau wie die Borke eines Baums. Dachte er jetzt, ich hätte zugestimmt, ihn nach Frankreich zu begleiten? Mein »Ja!« galt ausschließlich der finanziellen Beteiligung, redete ich mir ein. Dass ich ihm nur zu gern folgen würde, durfte niemand wissen. Aber ich würde nie meine Töchter alleine lassen. Meine Liebe zu ihnen war stärker als alles andere.

Da ich nicht schlafen konnte, saß ich später im Zimmer unserer Herberge am Tisch. Dabei beobachte ich das Flackern der Kerzenflamme und die Schatten, die das Licht in die milchige Dunkelheit der Nacht warf. Gedankenlos blätterte ich die Seiten des Buches um und fragte mich zum wiederholten Mal, warum ich es lesen sollte. Es war eine Bibel, deren verheißungsvolle Worte ich kannte.

Ich schrieb dann an Tante Mieke, denn ich war ihr schon längst ein paar Zeilen schuldig. Ihre Enkelinnen seien gesund und Gredje hätte Sehnsucht nach ihr, teilte ich ihr mit. Wir würden ihren Sohn erst in Lübeck treffen. Als der Brief fertig war, merkte ich welche Wortwahl ich benutzt hatte: ihr Sohn und nicht mein Mann.

Geträumte Zukunft

Meine Arme waren verkrampft und mein ganzer Körper zuckte vor Verspannung. Der Boden war kalt, aber ich stand nicht auf. Ich zwang mich, mich wieder an den Stamm der Linde zu lehnen, meine Arme locker in den Schoß auf das Buch zu legen und in den Himmel zu starren. Nach einer Weile kniff ich meine Augen geblendet zusammen, dabei merkte ich nicht, dass ich einschlafend aus dieser Wirklichkeit abdriftete in eine andere.

Ich spürte, dass Hinrich Lütz vor mir stand und öffnete die Lider. Ungefragt ließ er sich neben mir nieder und streckte seine Beine aus.

»Nun Wübke Gerken, wie ist es Euch ergangen, nachdem die Witwe von Essen verbrannt wurde? Was ich sehe, sieht nach einem guten Leben aus.«

»Ich bin Grid Vermoeulen, geborene Vasing. Mein Leben ist äußerst erfreulich. Das Eure scheint es auch zu sein. Wie geht es Eurer Frau und dem Kind?«

Dass ich mich wieder verraten hatte, wurde mir erst bewusst, als der Satz ausgesprochen war. Er stieß einen Pfiff aus. Brill kam angesprungen und legte sich zwischen uns. Ich hielt mir mit Daumen und Zeigefinger die Nase zu, während sich Hinrich Lütz einen Grashalm abriss, auf dem er zu kauen begann.

»Als wir uns das letzte Mal in Bremen gesehen haben, habe ich wohl einen schlechten Eindruck hinterlassen. Unser Aufenthalt in Rodenkirchen hat sicher auch nicht dazu beigetragen, Eure Meinung über mich zu bessern ...«

Er erzählte mir schonungslos sein Leben. Seine Kindheit und Jugend als Stiefsohn des Quentin Mercator waren gut, doch dann ließ er sich in einen Sumpf aus Trinkgelagen, Schlägereien und Huren fallen. Ich hörte ihm zu. Dann betrat ich die Bühne seiner Geschichte.

»... Ich musste zwei junge Mädchen begleiten, um einen Fensterrahmen zu vernageln. Die Kleine, der das Missgeschick mit einer Glasscheibe passiert war, war hübsch, unbedarft und zurückhaltend. Sie hatte gehörigen Respekt vor der Dienstherrin, einer Frau in mittlerem Alter, die aber nichts von ihren weiblichen Reizen verloren hatte. Wenige Wochen später eröffnete mir meine Dirne, denn nichts anderes war sie, dass sie in anderen Umständen wäre und ich Vater werden würde. Das Kind war gerade geboren, als das Urteil an Gredje von Essen vollstreckt werden sollte. Ich erinnerte mich an meinen Auftrag im Geeren 28, an die stolze Frau und das verschüchterte Mädchen. Hochmut kommt vor dem Fall, dachte ich. Bezecht ließ ich mich zu diesem Spektakel mitziehen. Meine Begleiterin schimpfte, und ich, da ich einen Ausweg suchte, wie ich sie loswerden konnte, lallte etwas davon, dass sie auch eine Hexe wäre. Das weiß ich noch genau, denn in dem Moment sah ich in erschrockene braune Augen, weit aufgerissen vor Entsetzen, mit goldenen Fünkchen, die wie sterbend erloschen. Es war, als hätte ich eigenhändig dieses Licht gemordet. Wübke Gerken floh regelrecht vor mir. Ich taumelte in die Werkstatt und schlief meinen Rausch aus. Als ich zu meiner Metze kam, vergnügte sie sich mit einem anderen Mann. Die einzige Forderung, die sie stöhnend vor Begierde an ihn stellte war, er solle ihr nicht noch ein Kind machen. Meine Fäuste flogen. Er schlich unterwürfig davon, sie folgte ihm mit dem Baby.

Ein Bote meiner Mutter hatte bei Meister Ehmker die Nachricht hinterlassen, dass sie auf mich wartete, da ich einen Handelszug nach London begleiten sollte. Ich wollte nicht und blieb in Bremen, hielt mich aber mit dem Trinken zurück und von Weibern, Wetten und Prügeleien fern. Als der Kaufmann im folgenden Frühjahr wieder da war, holte er mich zurück nach Altenesch.

Ein Jahr lang arbeitete ich hart auf dem Hof und spionierte nicht hinter Quentin Mercator her. Obwohl ich gern gewusst hätte, was er neben seinen langweiligen, wenig aufregenden Geschäften so trieb. Dann nahm er mich mit nach Bremen. Wir gingen in das Schnoorviertel. Dabei kamen wir an einer Hütte vorbei, in deren Eingang eine Hure ihre Dienste anbot. Ein vornehm gekleideter Mann mit eng zusammen stehenden Augen, dessen Ausdünstungen nach geronnenem Blut, vermischt mit gegorenem Wein rochen, drängte an uns vorbei. Er nestelte schon an seinem Hosenlatz, bevor die Tür geschlossen war. Quentin Mercator befahl mir, dass ich mir das Gesicht des Mannes merken sollte, denn ich würde ihn wiedersehen, um ihn zu vernichten. Ich nickte und zuckte mit keiner Wimper.

Danach bot mein Stiefvater mir an, mit ihm zu arbeiten, damit ich einmal sein Erbe antreten könnte.

Madame Vermoeulen, Ihr seht, ich bin zumindest auf einigen Gebieten geläutert. Um abschließend noch Eure Frage zu beantworten: Ich habe weder eine Ehefrau, geschweige denn Kinder. Zumindest keine, von denen ich weiß.«

Nach dieser Ausführung erhob sich Hinrich Lütz und ging mit den Worten: »Der Hund bleibt bei Euch. Seid gegen Mittag wieder im Lager. Wenn es die Zeit erlaubt, dann lest das Buch sorgfältig.«

Die Erkenntnis, dass er Lammert Harmßen umgebracht hatte, oder zumindest für dessen Tod verantwortlich war, störte mich nicht, sondern ich war ihm dankbar.

Müde bestieg ich am späten Nachmittag die GRID, die uns am Ende der Flotte segelnd jetzt nach Bremen brachte. Der Kapitän und die Mannschaft waren ausgewechselt. Ich hatte die Männer noch nie gesehen. Trotzdem fragte ich nicht nach, denn ich war mir sicher, dass Hinrich Lütz das veranlasst und dafür seine Gründe hatte.

Eine Nacht, ein Tag und Ufer zogen an mir vorbei. Seit dem ersten Morgenrot stand ich die meiste Zeit in meinen Umhang gehüllt am Bug des Schiffs, wie bei meiner Ankunft in Rotterdam. Ein scharfer Wind hatte den Regen vertrieben und ließ mich frösteln. Brill lag wie ein Wächter zu meinen Füßen. Allmählich schien ich mich an seinen Gestank gewöhnt zu haben, denn ich roch ihn nicht mehr. Es war, als ob Hinrich Lütz bei mir war. Gott, Wübke, hör auf so zu denken, befahl ich mir. Sei Grid, freu dich auf das Wiedersehen mit Ferdinand. Bald kannst du ihn umarmen, und es wird wieder wie zu Beginn unserer Ehe sein. Aber er war einfach seinen eigenen Zielen gefolgt, was ich ihm wegen der Mädchen übelnahm, nicht wegen mir, trotzte ich in Gedanken.

Kurz vor Sonnenuntergang kam die Anlegestelle Altenesch in Sicht. Ich erkannte den Steg kaum wieder, der verstärkt und verbreitert war.

Das führende Frachtschiff mit Hinrich Lütz an Bord wurde vertäut. Die anderen Boote zogen unter lautem Rufen der Besatzung, begleitet von zotigen Befehlen der Kapitäne, vorbei. An Land zog ihn seine Mutter in eine gewaltige Umarmung. Lachend machte er sich frei und ergriff die Hand von Quentin Mercator. Der alte Mann stützte sich auf einen Stock. Beide nickten einander zu. Nachdem das Pferd ausgeladen war, trugen unzählige Helfer Fässer und Truhen von Bord. Meine Töchter und ich harrten auf der GRID aus, die Anker geworfen hatte. Die Antwort des Steuermanns, als ich ihn fragte, warum wir nicht weiterfuhren, war ausweichend. Nach zwei Stunden, beim Schein der inzwischen notwendigen Fackeln, war das Frachtschiff leer. Die Leinen wurden gelöst, und es machte Platz am Anleger für uns.

»Die Jungfer Vasing ist wieder da. Verheiratet und mit Kindern, wie ich gehört habe. Wo ist Euer Mann?«, wurde ich von der dicken Irmin Mercator begrüßt. »Wie geht es Euch? Seid ihr die Töchter? Wieso ist der schreckliche Hund meines Sohnes bei Euch? Heute übernachtet Ihr bei uns. Bremen kann warten. Aber erst einmal wascht Euch. Warmes Wasser steht bereit.«

Es fühlte sich gut an, saubere Kleidung zu tragen. Da ich Lavendelsäckchen mit in die Truhen gelegt hatte, umgab uns ein zarter Duft. Ich trug eine weiße Haube, die straff über meinen Haaren lag und deren zweite Stoffschicht mit einem abstehenden Bogen auf Höhe meiner Ohren endete. Am Hinterkopf war sie bauschig gefaltet. Mein hochgeschlossenes schwarzes Samtkleid war eng an den Oberkörper geschneidert und hatte lange Ärmel mit einer weißen Kräuselkante, die so gearbeitet war wie meine gleichfarbige Halskrause. Der wenig ausladende Rock sorgte dafür, dass ich züchtig wirkte. Die Kleidung war ein bisschen so, wie eine weibliche Rüstung. Meine Töchter waren junge Abbilder meinerselbst. Ein köstlich duftendes Essen war in der großen Diele angerichtet. Der alte Handelsherr bat mich freundlich für den nächsten Morgen um eine Unterredung. Wo ich nun hier wäre, müssten wir die nächsten Schritte abstimmen, sagte er. Alke versprach er, ihr den Pferdestall zu zeigen. Gredje saß neben seiner Frau, und meine schlaue Tochter konterte geschickt deren Fragen.

Als wir fast fertig gegessen hatten, kam Hinrich Lütz. Auch er trug frische Kleidung und setzte sich neben mich. Er sprach wenig, doch wie zufällig berührte manchmal seine Hand meinen Arm. Ich stand auf, um mich für die Nacht zu verabschieden, wobei ich, obwohl ich es nicht wollte, ihn direkt anschaute. Seine grünen Augen schickten die Botschaft: Ich muss Euch unbedingt sehen.

Wie schon einmal wurde ich, nun mit meinen Töchtern, in der kleinen, fensterlosen Kammer untergebracht. Ich wartete ungeduldig, dass die Mädchen schliefen. Kein Zuruf einer wachsamen Irmin Mercator stoppte mich dieses Mal, als ich das Haus verließ. Es war plötzlich nicht mehr so kalt wie die Tage vorher. Ein Vollmond beherrschte den Himmel, der die Heimat der Stedinger in ein mildes Licht tauchte. Ich atmete tief die samtige Nachtluft ein, die in diesem Moment nicht, wie ich es in Erinnerung hatte, nach harter Traurigkeit schmeckte, sondern nach einer weichen Wehmut. Ich summte »Tandaradei« vor mich hin. Die Hand, auf die ich gewartet hatte, griff meinen Oberarm, und ich wurde vom Haus weggezogen. Hinter einer Pappelgruppe sank ich in die Arme von Hinrich Lütz. Ich erwiderte seinen leidenschaftlichen Kuss bedingungslos, mit eigenem Verlangen. Ich fühlte mich frei.

»Eine verheiratete Frau in deinem Alter mit zwei Töchtern tut das nicht. Ein kurzer Moment der unbeherrschten Leidenschaft ist erlaubt, aber mehr nicht!«, flüsterte Grid in mir.

In diesem Moment, als ich mich an die Brust von Hinrich schmiegte, wusste ich, Wübke, dass ich hier hingehörte. Er war ein Mann mit Vergangenheit und Fehlern, ein Mörder, aber das war mir egal. Genauso wie die Tatsache, dass Quentin Mercator und er durch ihr Tun immer mit einem

Fuß im Grab standen. Ich wusste auch, dass Tante Mieke es verstand, wenn ich Ferdinand verließ; dass ich Gredje verlieren würde, da sie in ihr Londoner Leben zurückwollte; und dass Alke das Kommende mit mir annehmen würde. Nach diesen ganzen Wochen, in denen ich mir nur Fragen gestellt hatte, mich fürchtete und vor der Antwort flüchtete, war Ruhe in mir eingekehrt. In mein Ohr wurden Worte geflüstert, die ich nicht hören konnte, als ich mir vor Jahren einbildete sein Gesicht zu sehen, da an dem Abend Donner alles verschluckte.

Hinrich hob mich hoch, als wäre ich so leicht wie Alke, und warf mich über die Schulter. Ich biss auf meine Fingerknöchel, um nicht laut zu lachen vor Glück.

30. März 1580

Tandaradei

»Dass er bei mir lag,
wüsste das jemand
(das wollte Gott nicht!), dann würde ich mich schämen.
Was er mit mir tat,
das soll nie jemand
erfahren, außer er und ich
und ein kleines Vögelein,
tandaradei,
das kann wohl verschwiegen sein.«

Walther von der Vogelweide

Plötzlich spürte ich den Baumstamm hart im Rücken, und streckte meine steifen Glieder. Ich war wieder in der Wirklichkeit, in nur der einen, die es gibt. Im Augenwinkel sah ich die armseligen Häuser von Elsfleth. Hatte ich geträumt und mir eine Zukunft zusammengereimt, wie ich sie gern hätte? Hatte ich mir alles erfüllt in dieser Fantasterei, was ich begehrte? Würde Ferdinand Vermoeulen sich immer weiter von mir entfernen, und würde Hinrich Lütz seinen Platz einnehmen? Lebte Gredje von Essen? War es Jan Vasmer, mit dem die Sippe Mercator Handel treiben würde? Das alles fragte ich mich.

»Mein Gott«, betete ich, »ich diene Dir nicht, wie ich sollte. Aber hilf mir, und lass mich die richtigen Entscheidungen für meine Töchter treffen.«

Als ich die Bibel aufschlug, merkte ich, dass ich sie umgedreht hielt. Die letzte Seite klebte am Einband, und ich zupfte sie los. Dort stand etwas.

Wübke, mein Kind, ich wünsche dir von Herzen, dass du glücklich wirst, wie ich es jetzt bin. Ich war hart zu dir und konnte nie meine Gefühle zeigen, aber ich liebe dich. Dessen sei dir gewiss.
Gredje remsaV, Rotterdam,
im Jahre des Herrn 1580.

Ein Mann und ein Hund kamen näher. Ich wusste nicht, ob die nächsten Tag so werden würden wie mein Tagtraum. Aber ich wollte, dass er mich küsste – jetzt und hier – und wenn er es nicht tat, dann küsste ich ihn. Mein ganzes Leben hatte ich mehr oder weniger getan, was mir gesagt wurde, oder was die Umstände forderten. Schlagartig wurde mir bewusst, dass das die erste eigene Entscheidung war, die ich getroffen hatte. Aber wie sollte ich mit der Anweisung von Ferdinand, meinem Ehemann, umgehen? Ich atmete tief ein und aus. Die Sehnsucht nach früher wurde stärker. Einmal noch den Geeren entlanggehen und in der Stephanikirche für so viele Seelen beten, das würde ich gern. Mutig geworden überlegte ich, ob ich mich an Hinrichs Seite trauen würde, doch in die Stadt zu gehen, ich musste ja nicht in die Langenstraße. Ich könnte einen Brief durch einen Boten überbringen lassen, dass sich meine Pläne geändert hatten. Wenn ich Hinrich bat, dann lehnte er bestimmt nicht ab. Mit hochgezogener Augenbraue würde er sagen: »Madame Vermoeulen, warum wollt Ihr hier Station machen, wo doch Euer Gatte schon weitergereist ist? Aber Wübke Gerken zeige ich die Stadt, die sie vor fünfzehn Jahren verlassen hat.« Ich konnte mich noch so winden: Er wusste, wer ich war. Ob er alles wusste, das bezweifelte ich. Aber er war jemand, dem ich von den Tagen im Ostertorzwinger erzählen konnte. Ihm meine schlimmsten Stunden anzuvertrauen, half mir vielleicht, ein wenig den Druck von meiner Seele zu nehmen. Das Geheimnis meiner Herkunft würde ich für mich behalten, denn es spielte keine Rolle. Auch wenn man mich bis an mein Lebensende nicht bei meinem eigenen Namen rufen würde, ich hatte Frieden mit meiner Vergangenheit geschlossen.

Meine ungewisse Zukunft wurde von einer Tatsache überstrahlt: Meine Mutter hatte überlebt. Damit ich das endlich wusste, hatte Jan Vasmer die Bibel in Rotterdam Hinrich Lütz gegeben, der sie Grid Vasing mit den eindringlichen Worten, dass sie das Buch sorgfältig studieren musste, in die Hände drücken sollte.

Drei graue Schattengestalten standen neben mir. Gredje von Essen und Traugei schwebten davon, wobei ihre Konturen zu erkennen waren, bis sie sich in der Ferne verloren. Alke Gerken löste sich auf in ein Nichts, das mich noch minutenlang umhüllte, bevor es sich verflüchtigte. Zurück blieb das Gefühl von Geborgenheit.

Nachwort und Dank

Beim Stöbern in den Bremer Jahrbüchern bin ich auf die Abhandlung »Eine Bremer Hexe aus dem Jahr 1565« gestoßen. Wilko de Boer schrieb 1931 über Gredje von Essen, die der Zauberei angeklagt wurde und im Ostertorzwinger an den Folgen der Tortur starb. Die Leiche verurteilte man zum Feuertod auf dem Scheiterhaufen. Er bezieht sich auf einen Brief von Johannes Molanus, der ein Jahr nach dem Prozess (1566) verfasst wurde, und außerdem auf Berichte in der *Rennerschen Chronik* und *Stövers Kriminalgeschichten*. Vieles an dem Fall blieb nebulös und warf Fragen auf, die nicht beantwortet wurden.

Sofort dachte ich: »Was für eine Geschichte« ... und was man mit ein bisschen Fantasie daraus machen kann. Ich forsche weiter und stieß auf zwei Texte, die diesen Fall ebenfalls behandeln. Beide Untersuchungen stammen von Prof. Dr. Herbert Schwarzwälder: Die Geschichte des Zauber- und Hexenglaubens in Bremen (Bremer Jahrbuch 1961) und Gredje von Essen – Dr. Johann Ewich (Berühmte Bremer 1972).

Die Handlung meines Romans stützt sich hauptsächlich auf den Text von Wilko de Boer. Hieraus habe ich die Namen und die Schreibweise der in den Fall involvierten Personen übernommen. Gredje von Essen hat vielleicht (nach Schwarzwälder) in der Langenstraße gewohnt. Ich habe ihr Haus in der Straße Geeren im Stephaniviertel angesiedelt. Sie soll im Prozess andere ehrbare Frauen ebenfalls der Hexerei beschuldigt haben, deren Namen im Verfahren aber verschwiegen wurden. Bei mir sind dies Ehefrauen der damaligen Ratsherren und Bürgermeister. Ihr Bruder war vermutlich (nach Schwarzwälder) Johann Using, der dem Bremer *Haus Schifffahrt* großzügig Geld gespendet hat, und als erster Stifter der *Gottesbuden* (an Kirchen und Häuser angelehnte Hütten, die bedürftigen

Menschen ein Dach über dem Kopf gaben) bezeichnet wird. Die These habe ich nicht übernommen.

Um den Aufenthalt im Stadland zu beschreiben, lieferte mir »Die Chronik der Gemeinde Rodenkirchen« von Dr. R. G. H. Heye aus dem Jahr 1965 wertvolle Hinweise.

Historische Personen in Bremen:
- Bürgermeister Dietrich Vasmer und seine Ehefrau Gretje
- Bürgermeister Hermann Vasmer und seine Ehefrau Christine
- Bürgermeister Erich Hoyer und seine Ehefrau Metje

In der Abhandlung von Wilko de Boer erwähnte Personen in Bremen:
- Die Witwe Gredje von Essen, geborene Using
- Wübke, das Dienstmädchen der Witwe von Essen
- Alke Gerken, eine alte Kräuterfrau
- Lammert Harmßen, ein Nachbar
- Gerdt Grawen, ein Glaser
- Die Matronen Ehmker und Föge
- Ratsherr Raetje Gröning
- Der Henker, Meister Max
- Fuhrmann Joh. Gödjen
- Johann Using und seine Ehefrau
- Jan-Jan, der Teufel

Die Charaktereigenschaften der oben gelisteten wie auch die der nicht belegten und von mir konstruierten Personen sind frei erfunden und eine Ähnlichkeit mit lebenden oder verstorbenen Personen ist nicht beabsichtigt.

Mein Dank gilt Linda und Kai Falkenberg, die mein Buchprojekt gefördert haben. Abschließend möchte ich mich bei meinen Eltern und

Freunden bedanken, die mich auf meinem Weg und beim Schreiben bestärkt haben. Ich fühle mich sehr geehrt, dass Dr. Klaus Sondergeld als Pate für meine Bremer Buchpremiere fungiert.

    Anna Callenberg

Weitere Titel von Romina Schmitter

Romina Schmitter
Judas und Eva
Die nützlichen Garanten von Antisemitismus und Misogynie

224 Seiten, 67 Abbildungen
Taschenbuch, Format 14 x 22 cm
14,90 Euro
ISBN 978-3-95494-263-3

Der Antisemitismus ist aktueller denn je, nicht nur in Deutschland. Hintergrund sind die antisemitischen Narrative – vom »Gottesmord« bis zum »Zinswucher« – die sich seit dem »Verräter« Judas aus dem Neuen Testament über die Jahrhunderte erhalten haben.

Wer die Geschichte der Diffamierung auch aus weiblicher Sicht betrachtet, kommt unweigerlich zur biblischen Eva, denn wie Judas und mit ihm alle jüdischen Menschen zu Verrätern mutierten, so mit Eva die weiblichen zu Verführerinnen und moralisch wie geistig minderwertigen Wesen.

In Krisenzeiten wurden Juden wie Hexen für Missernten, Krankheiten und Epidemien verantwortlich gemacht.

Die Hexenverfolgung, die vom 15. bis ins 18. Jahrhundert wütete, ging dem Holocaust des 20. Jahrhunderts voraus und in der Kaiserzeit fürchtete man, dass die Emanzipation der Juden und der Frauen zur »Verweichlichung der wehrhaften deutschen Nation führen« würde.

Jüdische Soziologen wie Theodor W. Adorno und Max Horckheimer waren die ersten, die während ihrer Emigration diesen Zusammenhang thematisierten. Der gleichfalls jüdische Germanist und Jurist Hans Mayer setzte ihre Argumentation in seinem Buch »Die Außenseiter« (1971) auf literarischer Ebene fort.

2019 griffen Historikerinnen die »Ausgrenzungsstrategien« gegenüber Juden und Frauen in ihrem Buch »Antisemitismus/Feminismus« auf.

Somit kann der Einsatz für die Erhaltung der Demokratie immer auch als Einsatz für jüdische und weibliche Menschen verstanden werden.

Frauen-Geschichte(n)

Verena Behrens, Gisela Menger (Hrsg.)
Starke Frauen
radikal sozial
und demokratisch
236 Seiten, 74 Abbildungen
Taschenbuch, Format 13,5 x 21 cm
17,90 Euro
ISBN 978-3-95494-069-1

Romina Schmitter
Bin ich gleichberechtigt?
Historischer Streifzug
zu einem aktuellen Problem
176 Seiten, 49 Abbildungen
Taschenbuch, Format 14 x 22 cm
14,90 Euro
ISBN 978-3-95494-150-6

Was die Frauen eint, deren Porträts in diesem Band versammelt sind, ist große Stärke und Kraft. Kraft, den Rollenerwartungen ihrer Zeit gänzlich oder in Teilen entschieden nicht zu entsprechen. Zu allen Zeiten haben sich Frauen auf sehr unterschiedliche Weise für die Verbesserung ihrer Lebensbedingungen und Rechte eingesetzt. Die Geschichten der starken Frauen im vorliegenden Band zeigen den langen Weg gesellschaftlicher Veränderung, den sie zurückgelegt haben im Kampf um Ausbildung, soziale Sicherung, politische Mitwirkung, um die schlichte und doch so schwierige Anerkennung von Frauenrecht als Menschenrecht.

Vor allem der Hartnäckigkeit der sozialdemokratischen Juristin Dr. Elisabeth Selbert ist es zu verdanken, dass das Grundgesetz der Bundesrepublik den Artikel 3,2 enthält: »Männer und Frauen sind gleichberechtigt.« Aber wie ist es um diese Gleichberechtigung bestellt?

Die Autorin und Frauenrechtlerin beschäftigt sich mit dem Thema Gleichberechtigung, blickt zurück auf Geschlechtsvormundschaft und Ehevogtei, untersucht das Frauenwahlrecht, schaut auf die Mütter des Grundgesetzes und beleuchtet die Quotendebatte. Sie legt damit einen historischen Streifzug zu einem Problem vor, das im 21. Jahrhundert aktueller nicht sein könnte.